再考！「気になる子」～保育者の気づきを深め、ニーズに応じた支援のために～発刊に寄せて

　著者の馬場広充先生に初めてお会いしたのは、平成14年、先生が香川大学教育学部附属養護学校（現在、特別支援学校）の教師として勤務されている時でした。その時先生が語った言葉「課題を抱えた子どもたちもみんな将来の展望を持った子どもたちだ」は、文部省で特別支援教育を担当した者にとってこの上なく心強い言葉でした。保護者、また、何より子どもたち自身にとってもこんなに嬉しい言葉はないと思いました。

　その後、香川大学教育学部に、先生が責任者となって特別支援教室が開設される時、縁あって私がその教室の愛称「すばる」の名づけ親になってから交流は益々深まって今日に至っておりますが、先生の確信は揺らぐことはありませんでした。そして、先生が常に語られるのが幼児期での支援の重要性でした。本書は、まさにこの先生の長年の思いを実現したものと言ってよいと思います。

　本書の特色は、何と言っても、一人一人の良さを発見し育てていこうとする教育者の視点が貫かれているということです。

　従来、「気になる子」に対してはとかく医学的・心理学的観点からの診断や発達障害の有無の観点からの判断がなされがちでした。しかし本書は、「気になる子」を、発達障害を含め「社会性に困難を抱えている子」と捉え、「気になる子」を「特別扱い」する傾向を正し、他の子と区別することなく、子ども集団の連続体の一部分だと捉えます。そして、「気になる子」を見つめ、日々模索した実践を踏まえて作成された指導者向けの「幼児用社会性チェックリスト」と、そのチェックリストによって判断された「困難の程度」に応じた「支援」の在り方を示しています。その「支援」の内容も、いわゆるハウツウ形式ではなく、ちょこっと支援（適時支援）、やりとり支援（継続支援）、じっくり支援（計画支援）と、連続したものとして示されています。

　幼児期での支援の重要性が強く指摘されているにもかかわらず、「気になる子」への支援は多くの現場で手探りの状態が続いているのが実情ではないでしょうか。

　「気になる子」はどこの幼稚園、保育所、こども園にも存在すると言ってよいと思います。その意味で、本書は、幼児の指導に当たっているすべての方々にとって、資するところの大きい、強い味方になるものと確信しています。

共立女子学園監事
（元 文部省初等中等教育局長）
辻村 哲夫

はじめに

　本書の目的は、保育者が「気になる子」を見いだし、その子に応じた支援を実施するために、新たな視点をもとにした見取りと支援について提案するものです。

　私は、以前は「養護学校」といわれ現在は「特別支援学校」と呼ばれている学校で知的障害のある子どもたちの教育にかかわり、一人一人の子どもに生きる力を身に付けさせようと日々の授業実践に明け暮れていました。しかしながら思うような成果が得られず焦っていましたが、幸いなことに、じっくり取り組む価値を教え導いてくれる指導者に恵まれ、知的障害のある子どもの教育の価値を見いだしていこうと考えるようになっていきました。そのような時に、コミュニケーションができず、手をひらひらしたりトイレの水を流し続けたりするなど、理解困難な行動のある「自閉症」といわれる子どもに出会いました。私の指導では全く歯が立たなくて、自分なりに文献を調べたり研修会に参加したりする中で、これはと思えるような一つの支援法に出会うことができ、その支援法を身に付けるための研修を続けていきました。

　このような時に、私が所属していた養護学校が、幼稚園・小学校・中学校と共同で文部科学省の研究開発学校に指定され、「学習に困難のある子」について研究開発する機会を得ました。このことが契機となり、通常の学級にいる発達障害のある子どもにかかわることとなりました。当時は、学習障害等についてまだまだ理解がなされておらず、手探りの状態でした。その時に出会った子どもたちは、ことばを話すことができるのに漢字がうまく書けなかったり、計算の九九が全く覚えられなかったりするなど、私が経験してきた子どもたちの大変さに比べればささいなことだと思っていましたが、通常の学級にいる周りの友達との関係から、当人にとっては非常につらいことであることに気づかされました。

　このような状況にある発達障害児の支援は、当時全く手探りの状態であり、誰が責任をもってこの問題に取り組むかさえはっきりとしていませんでした。私は、発達障害のある幼児から中学生の個別指導とともに保護者・担任相談を実施したり、県教育委員会から委嘱されて巡回相談事業に参加し、各地域の保育所・幼稚園から中学校の担任の先生方へ相談支援を行ったりしてきました。

　子どもへの個別指導では、発達障害を前提に実態把握から指導方法を仮説し、実践しながら評価を行うことでより効果的な指導法を見つけだす努力をしてきまし

た。その取り組みをもとに、保育者や先生方にアドバイスを行ってきました。このような取り組みの中から感じたことですが、小・中学校においては、少しずつ発達障害に対する理解が深まり対応もなされるようになってきましたが、保育所・幼稚園では「気になる子」として早くから注目されてきた割には、十分な対応がなされていないのではないかと思うようになりました。

　そこで、幼児期において従来から「気になる子」として注目されてきた子どもたちに焦点を当て、発達障害との関連性を明らかにしその対応方法を示すことで、保育において新たなかかわり方が提案できるのではないかと考えるようになりました。

　今までの「気になる子」のイメージは、ほかの子どもたちと区別され、特別扱いされる対象児であるという「受け身」のイメージが強かったように思います。しかし、「気になる子」もほかの子も区別されることなく子ども集団としての連続体の一部分であると考えるようになりました。それぞれの子どもは独自な存在であることから、「気になる子」に気づくことは、一人一人のよさを見つけ発揮させるためにも重要なことであるという「積極的な捉え方」に変えていきたいと願い、本書を執筆しました。

　なお、本書で取り上げる事例は、個人が特定されないようにするために、私自身がかかわってきたさまざまな事例を組み合わせた架空のものであることをおことわりいたします。

馬場　広充

目　次

発刊に寄せて
はじめに

序章　幼児期における特別支援教育の現状 ……………………………… 6
　―「気になる子」はどう対応されてきたか―

第1章　「気になる子」とは ……………………………………………… 9
　―「社会性に課題のある子」という捉え方―
1．いつから「気になる子」が注目されるようになったか ……………… 9
2．現在の「気になる子」の状況 ……………………………………… 10
3．新たな「気になる子」の捉え方 …………………………………… 11
　（1）「気になる子」の実態調査から／11
　（2）「気になる子」の全体像／12
4．保育者が「気になる子」に気づくことの意味 ………………………… 14

第2章　保育者の「気づき」を深めるために ………………………… 17
　―幼児用社会性チェックリストの作成―
1．保育者が子どもに身に付けさせたい「社会性」とは ……………… 17
2．幼児期の子どもが身に付けている「社会性」とは ………………… 18
3．年齢段階で変化する「社会性」…………………………………… 21
4．幼児期のすべての子どもの「社会性」をどう捉えるか ……………… 23
　（1）定型発達児・気になる子・被支援児の「社会性」／23
　（2）チェックリストで個々の子どもの「社会性」の差が捉えられるか／24
5．一人一人の子どもの特別な支援の必要性をどう捉えるか ………… 26
　（1）「社会性の困難の程度」を把握するチェックリストへ／26
　（2）チェックリストからみえる「社会性の困難」／28
6．「幼児用社会性チェックリスト」の記入上の留意点 ………………… 30

第3章　「社会性の課題」に対する支援とは ………………………… 32
　―適時支援・継続支援・計画支援―
1．「気になる子」の「社会性の課題」………………………………… 32
2．「社会性の課題」の程度の差に対応した支援 ……………………… 33

（1）ちょこっと支援（適時支援）／34
　　（2）やりとり支援（継続支援）／37
　　（3）じっくり支援（計画支援）／44

第4章　支援のあり方の再検討 ……………………………………………………… 51
　　　　　―「範例中の典型」についての考察―
　1．基本的な理念　―子どもをどのような存在と見るか― ……………… 52
　2．範例中の典型 …………………………………………………………………… 54
　　（1）こだわり行動への支援／54
　　（2）事例の実際／55
　　（3）事例の考察／57
　　（4）本児のその後／57
　　（5）本事例から導き出された観点／58
　3．今までの「範例中の典型」から ………………………………………… 60
　　（1）自己選択から自発性、自主性、そして自己有用感へ／60
　　（2）保育者の変容が求められる／60
　　（3）書いて残す／61
　4．子どもの願いと客観的事実をもとにした間主観性による事例研究 …… 61

第5章　保育所・幼稚園・こども園の集団生活の中で
　　　　　社会性を育成する意義 ……………………………………………… 63
　　　　　―新たな人間関係構築への支援―
　1．集団生活の第一歩を踏み出す最も適切な場 …………………………… 63
　2．社会性の育成の場として最適な場 ……………………………………… 64
　3．保護者支援としても最適の場 ……………………………………………… 67

終章　幼児期における支援の今後の課題 …………………………………… 68
　　　　―新たな支援の経過シートの提案―
　1．新たなかかわり方を探る　―やりとり支援の経過シート（試案）― …… 68
　2．保護者との連携のあり方 …………………………………………………… 69

資料編 ……………………………………………………………………………………… 70

おわりに

序章 幼児期における特別支援教育の現状
―「気になる子」はどう対応されてきたか―

　小・中学校における「特別支援教育」は、今から10年程前から始まりました[1]。それまでは、「特殊教育」という名称で明らかな障害のある子どもたちを対象とし、特別な教室や学校で教育が行われてきました。

　しかし、明らかな障害はないとされているにもかかわらず、読むことはできるのに字が正確に書けない子や授業中に何度も離席をして落ち着けない子、予定が少しでも変わっただけでパニックになる子など「発達障害」[2]の存在が注目されるようになり、文部科学省の調査[3]から通常の学級には発達障害が疑われる児童生徒が6％程度在籍していることが推測され、新たな対応が求められるようになりました。そして、このことが契機となり、「特別支援教育」が全国的に開始されました[4]。

　保育所・幼稚園・こども園でも、明らかな障害のある子には加配保育士などにより個別に丁寧なかかわりが行われていました。しかし、悪気があるわけではないのに、自分が欲しいと思ったらすぐに友達の遊んでいるものを勝手に取ってしまい度々喧嘩になったり、遊びが次々と変わっていき一つの遊びをじっくりすることができないことに対して、いくら注意しても改善せず、同じことを繰り返してしまう子どもの存在が注目されていました。保育所・幼稚園・こども園の先生方（以下、保育者）は、このような子どものことを以前から「気になる子」として取り上げ、対応を模索してきました。

　その後、小・中学校における「特別支援教育」と連動し、幼児期における「特別支援教育」のあり方を探っていく取り組みとなっていきます。しかしながら、小・中学校の特別支援教育では発達障害に関するチェックリストなどが最初から示されていましたが、幼児期における「発達障害」の定義やチェックリストなどは明確に示されているわけではなく、手探りの状態が続いているといえます。いろいろな論

文[5]からは、幼児期においては13％程度の「気になる子」の存在が指摘されています。そのため、現在でも保育所・幼稚園・こども園の現場では、「気になる子」を「いかにして見つけだすのか」という課題が大きな比重を占めていると考えられます。その結果、保育者は、ちょっとでも気になることがあればすぐに「何でもかんでも気になる子」と見てしまい、すぐに「専門家に任せる」という態度になり、保育・教育として「どのように取り組んでいくのか」という課題につながりにくい現状があるように思います。

確かに、小・中学校とは異なり保育所・幼稚園・こども園では、特別支援専門の担当者は少なく、外部の専門家に任せたいと考えることは無理のないことと考えられます。しかし、幼児にとって保育者は、継続的なかかわりのある家庭以外で初めて出会う特別な存在であり、幼児の成長発達過程にとって、保護者の次に親密な関係づくりを学ぶ相手でもあります。一方、友達は、自分以外の同世代の仲間として対人関係づくりを学ぶ相手でもあります。保育所・幼稚園・こども園における日々の保育活動は、このような人間関係の上に、幼児は遊びや生活の中で得意な活動を見つけだし、基本的生活習慣や人とのやり取りを身に付け、社会性を伸ばしていくことができる貴重な場です。専門的な療育機関では、このような活動を組織することは困難であり、保育所・幼稚園における保育活動こそが社会性の育成に関して重要な役割を担っていると考えられます。

そのため保育所保育指針や幼稚園教育要領においては、重要な教育内容として「人間関係」の領域が設けられ、保育者は常に保育活動の中でその育成を心掛けた働きかけを行っています。そして、大多数の幼児は保育者の働きかけに応じて社会性を身に付けていきますが、その中において、保育者が期待する社会性を十分に身に付けられず、保育者を困惑させている子どもの存在を「気になる子」として捉え直し、その支援のあり方について考察することは意義あることと考えます。また、保育者自らが「気になる子」に気づき、その子に応じた支援が実践できるようになることは、子どもの成長発達過程においてかけがえのない「出会い」の機会を提供し、今後の学校生活の基盤を形作るものであり、保育・教育の質の向上を図る上で必須のことと考えられます。

以上のことから、本書では、「気になる子」を発達障害の有無についてだけから検討するのではなく、「発達障害を含め何らかの原因で社会性に課題のある子」として捉え、その改善を目指した保育を実現するために、保育所・幼稚園・こども園

において日々の保育活動の中で実践できる社会性育成のための支援について、具体的に役立つものを提案していきたいと考えています。

【参考文献】

1）文部科学省（2003）今後の特別支援教育の在り方について（最終報告）
2）文部科学省（2004）小・中学校におけるLD（学習障害），ADHD（注意欠陥／多動性障害），高機能自閉症の児童生徒への教育支援体制の整備のためのガイドライン（試案）
3）文部科学省（2002）通常の学級に在籍する特別な教育的支援を必要とする児童生徒に関する全国実態調査
4）文部科学省（2007）特別支援教育の推進について（通知）
5）西村智子・小泉令三（2011）就学前の「気になる」子の行動特徴と発達障害の関係、研究論文集－教育系・文系の九州地区国立大学間連携論文集、第5巻、第1号
6）郷間英世・圓尾奈津美・宮地知美他（2008）幼稚園・保育園における「気になる子」に対する保育上の困難さについての調査研究、京都教育大学紀要、No.113、81-89頁

第1章 「気になる子」とは
―「社会性に課題のある子」という捉え方―

　保育者が「気になる子」として注目するようになったのはいつ頃からからであったのか。そして、どのような経過であったのか。また、「気になる子」として取り上げられている子どもたちの様子はどのようなものであったかなどについて述べ、本書における「気になる子」の捉え方を明確に示します。

1．いつから「気になる子」が注目されるようになったか

　CiNii（NII 学術情報ナビゲータ）で「気になる子」を検索すると、1983年頃から取り上げられ始めていたことがわかります。最初の頃は日本保育学会大会研究論文集に多く掲載され、保育関係者から注目され始め、その後幼稚園関係者へと広がり、心理学関係者や特別支援教育関係者、医療関係者、福祉関係者などへと拡大し、論文掲載本数も年々増加傾向にあります（図1）。

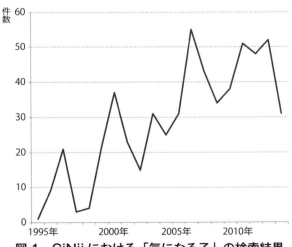

図1　CiNii における「気になる子」の検索結果

初期の頃は保育者の捉え方の問題として注目され、日頃の保育活動の見直しが行われ、保育の質の向上に努力していたことが1990年代の論文[7)8)]からうかがわれます。例えば、「気になる子」を「障害児とまでは言いきれないが、保育者にとって＜ちょっと気になる子＞」とし、「発達検査などでは、歴年齢相応の力を示す部分もかなりあるのに、友達との関係がうまくとれなかったり、さらには、園では一番の理解者であろうと思われる保育者との関係がぎくしゃくしてしまう。」[9)]と捉え、保育者にとって理解しにくい子を何とか理解しようと努力している姿がみられました。そして、「気になる子」の理解を深めるために、子どもと保育者相互の関係性の中に問題を見つけだそうとし、保育者が「気になる子」について具体的な行動特徴を取り上げその傾向分析を行ったり[10)]、観察者が外側から子どもの遊びを客観的に観察するのではなく、遊びの中に参加しながら子どもの様子を観察するような参与観察による変容過程を分析したり[11)]するような報告がみられるようになりました。

　その後、困難の状況を把握するために具体的な行動特徴を見つけだしていこうとする研究がみられるようになりました。例えば、8つのカテゴリー「基本的生活習慣・言葉・こだわり行動・情緒的不安・身体運動や操作力・集団生活行動・不活発や無気力・その他」に分類した研究[10)]や、「発達・乱暴・落ち着きない・パニック・対人関係・家庭環境」[12)]や「発達の遅れ・コミュニケーション・落ち着きがない・乱暴・情緒面での問題・しようとしない・集団への参加・その他」[14)]などです。このような行動特徴に関する研究は、発達障害の行動特徴との類似性から注目されるようになり、その関連が議論されるようになりました[13)15)16)17)]。

2．現在の「気になる子」の状況

　前節であげた研究のように、「気になる子」の行動特徴は多岐にわたっているため、年齢段階別に困難の様子を捉えたり、障害の診断のある子との比較から「気になる子」の行動特徴を把握しようとするような研究も現在ではみられます。しかしながらこのような状況から、いまだに「気になる子」の定義が明確に定まっておらず、混乱した状態が続いているように思われます[11)12)13)]。

　発達障害は、わが国においては2005年4月1日から施行された「発達障害者支援法」により、自閉症、アスペルガー症候群などの広汎性発達障害、学習障害、注

意欠陥多動性障害等と規定され、従来の障害分類とは別に分類されるようになりました。それまでは性格の問題や育児の問題として対応されてきましたが、なかなか改善されないものの中には発達障害が原因と考えられるものもあり、「気になる子」と発達障害との関連性から注目されるようになってきました。保育者の研修会では、発達障害に関連すると思われる行動特徴が取り上げられ、その行動への気づきの重要性が強調されるようになりました。

また、医療関係者の間で発達障害の早期発見の観点から「5歳児健診」が注目されるようになったことも相まって、担任の先生が「気になる子」と感じるとすぐに医師に診てもらおうとして保護者の反発を招き、担任と保護者の関係がぎくしゃくしたものになる等、混乱した状況がみられることも多くなってきました。一方、「気になる子」の中には、家庭の問題から情緒不安が増幅され、それが落ち着きのなさや乱暴な行動として現れ、発達障害の行動特徴と重複することも多いことが指摘されるようになり、虐待との関連性からも混乱した状況にますます拍車がかかっているように思います。

3．新たな「気になる子」の捉え方

(1)「気になる子」の実態調査から

私は、2005年度より県教育委員会から巡回相談員の委嘱を受け、県内の保育所・幼稚園から中学校までを対象に巡回相談を実施してきました。その相談事例の中から保育所・幼稚園のケースをみると、「語彙が不明瞭で聞き取れない」「指示されたことがわからず、違う行動をとってしまう」「友達とコミュニケーションがとれない」等の言葉の問題、「こだわりが強くパニックになる」「先生が話していても立ち歩く」「片付けが苦手で、最後までできない」等の行動の問題、「集団行動を嫌がり、その場に応じた行動がとれない」「急に友達を押して、おもちゃを取ってしまいけんかになる」等の対人行動の問題が、2005年度当初から取り上げられていました。これらの問題は、発達障害の特性である「多動性・衝動性・不注意、対人関係・コミュニケーション・こだわり」からくる問題と非常によく似たものと考えられました。その一方で、「言葉の言い間違いが多い」「排泄が自立していない」「理解が遅い」など、発達障害の特性とは直接関連していないようなことも取り上げられていました。

このように、巡回相談の内容が多岐にわたっていることから、現場の先生方が「気になる子」として注目していることは何かについて知るために、県内の任意の保育所・幼稚園8園の先生方の協力を得て、「気になる子」についてのアンケート調査を実施しました。その結果、「気になる子」が81名あげられ、その内容は、「落ち着きなく、動き回る」「自分のものをどこに置いたのかよく忘れる」「不器用でありハサミがうまく使えない」「注意されると大泣きをして、聞き入れない」「友達が嫌がることを繰り返す」等巡回相談の内容と同様に、発達障害の特性に関連するものとともに、性格的なものと思われるものも含まれていました。

　これらのことから、保育者のいう「気になる子」の中には、発達障害の特性のある子どもが含まれている可能性もあるが、発達障害の特性以外の要因（性格、家庭環境等）も影響している事例も含まれていると考えられます。

　今までの「気になる子」に対する取り組みは、発達障害の特性のある子どもとそれ以外の子どもを見分けるための手がかりを見つけだすものがほとんどであったように思います。ここで視点を変えて、「気になる子」は、発達障害特性だけでなく、その他の要因を含む何らかの「社会性に課題のある子」と捉え直してみてはどうかと考えるようになりました。そして、発達障害のある子の「社会性の障害」を一方の極とした社会性の課題に関する困難の程度について、連続体を想定すれば、性格特徴や環境要因からくる社会性の課題もこの連続体の中に位置付くのではないかと考えました。

　この考えに基づくと、「気になる子」は、社会性に何らかの困難を抱えている子どもであると捉えることができます。そこでまず、一方の極である発達障害のある子どもの「社会性の障害」とはどのような状態であるかを明らかにしようと考えました。

（2）「気になる子」の全体像

　乳幼児期において最初に医学的な診断が可能な発達障害は、自閉症スペクトラムといわれています。自閉症スペクトラムの診断基準は、「社会性の障害」「コミュニケーションの障害」「想像性の障害」の3つが揃った時に診断されます。そのうち「社会性の障害」の具体的な状態は、例えば「人へのかかわり方が一方的」「同い年の友達と、相互的な友達関係がもてない」「場にふさわしい行動がとれない」「年齢相応の常識が身に付いていない」「自分の感情に気づけていない」「感情を共有する

ことが困難」(吉田友子『その子らしさを生かす子育て』改訂版、中央法規、2000年)、「ルールが守れない」「行事に参加できない」「友達と一緒に遊ばない」「相手の嫌がることを言う」(上野一彦監修、酒井幸子・中野圭子著『ケース別発達障害のある子へのサポート実例集 幼稚園・保育園編』ナツメ社、2010年) などと広範囲にわたっています。幼児期の子どもの様子からみるとこのような状態は、「自己中心的」や「わがまま」「乱暴な」などと捉えられてしまったり、逆に「おとなしすぎる」「意欲がない」と思われたりするように、性格特徴としてみられやすいことでもあります。

最近、自閉症スペクトラムの障害特性は多かれ少なかれどの人ももっていて、個々人の困難の程度には差があるという捉え方がなされるようになってきました[18] (図2)。

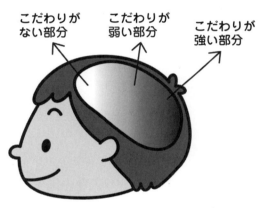

図2 人のこだわりのイメージ図

例えば、自閉症スペクトラム指数 (AQ) という尺度を作成し、障害診断のある人から健常者までを含めて、自閉症傾向の程度を把握しようとするような研究もみられるようになってきました[19]。児童用のAQ[20]も作成されるようになるなど、発達障害のある子どもは、今までの障害と同じように明確に判断されるわけではなく、対人関係を含む集団生活での関係づくりに困難をもつ子どもたちであり、その社会性の困難の程度はさまざまであることが考えられます。例えば、園生活や家庭生活においてトラブルが頻発し、本人や周りの人たちが大きな困難を感じている子どもから、ほんの些細な社会性のズレのために、本人が一人で困っているが周りの人はなかなか気づかないためにそのままになっていたり、日々接している身近な人（家族や先生など）が違和感を覚える程度であったりする場合もあるでしょう。現在では、その診断基準は「カテゴリー概念」から「スペクトラム概念」に変わり、「障害」と「定型発達」の間には境目があるわけではなく、連続していると捉えられるようになっています[21] (図3)。

このことから、「気になる子」の全体像としては、自閉症スペクトラムと同様に社会性に関して何らかの課題があり、その課題の困難の程度には差があるのではな

図３　障害のある人から健常な人までのスペクトラムの概念図

いかと考えられます。そして、「気になる子」を何らかの特別な配慮や支援・指導を必要とする子どもと捉え、その困難の程度に応じた支援を実施していくことが重要と考えます。

したがって、保育者が「気になる子」と感じた時は、発達障害の有無ではなく「社会性に課題のある子」として捉えて対応していくことが重要です。対応した結果、社会性の課題の程度が改善し、「気になる子」が「気にならない子」になっていく場合もあるし、逆に、いろいろ対応しても改善が認められない場合もあるということになります。後者の場合には外部の相談機関と連携していき、社会性の課題の原因を探っていくことが必要となると考えます。

４．保育者が「気になる子」に気づくことの意味

保育者が日常の保育活動の流れの中で気になる行動や態度に気づくことは、発達障害というラベルを貼るためにすることではなく、その子は対人関係や集団生活で困難を抱えている子であり、通常の保育におけるかかわりではなかなか改善できないということに気づくということだと考えます。親はわが子の行動について、同年齢の子と客観的に比較することができにくいため、気になる行動をついつい見過ごしてしまうことが多いのは当たり前のことだと思います。保育者が最も早く気づきやすい存在であり、その後も継続的なかかわりができる立場であるということを再認識してほしいと強く願います。

そこで、はじめて保育者が「気になる子」に気づいた時は、まず対応してみるこ

とが重要なことと考えます。従来の対応では不十分であるために「気になる子」として注目されているという視点に立ち、保育者には新たな対応方法を見つけだしていくことが求められていると考えるべきでしょう。その際、新たな対応方法を探る前にしておかなければならないこととして、保育者が捉える「社会性」とはどのようなものなのかを明らかにする必要があります。前述のように、発達障害の「社会性の障害」は自閉症スペクトラムの診断基準の一つでもあり、対人関係を中心とした限定的なものとされていますが、保育・教育関係者が考える「社会性」は対人関係からマナーのような生活習慣までをも含み、幅広い概念を指すことが多いと考えられます。

　このようなことから、保育者が考える「社会性」はどのようなものであるか、そして、保育者が捉える「社会性」は発達障害のある子を含み、「気になる子」を捉えることができるかどうかを検討する必要があると考えました。

　高橋ら[22]の研究では、保育所を対象に全国規模で3年間にわたる調査を行い、幼児期における社会的スキルの測定尺度「就学前児用社会的スキル尺度」を開発し、問題行動と自閉傾向のある子をその尺度で見いだせる可能性を示しました。この尺度は、社会性の中の一部である社会的スキルに焦点化したものであり、保育者が捉える社会性に比べると狭いものになっている恐れがあります。また、先にも述べた児童用自閉症スペクトラム指数（AQ）は、対象年齢が7歳～15歳であり、自閉症スペクトラムの特性をどの程度もっているかを把握することを目的としていることから、「就学前児用社会的スキル尺度」以上に限定された社会性を捉えようとするものであるため、保育者が捉える社会性とは違った面を捉えようとしているものと考えられます。これらのことから、保育者が捉える社会性は、実際の現場の先生方の実感をもとに構成する必要があると考えました。

【参考文献】

7) 小池みさを（1991）保育者の感性「気になる子ども」について、日本保育学会大会研究論文集（44）122-123頁

8) 前原寛（1994）気になる子を捉える視点　子どもを取り巻く状況を中心として、日本保育学会大会研究論文集（47）514-515頁

9) 秦野悦子・浜谷直人（1988）自主シンポジウム1「発達における豊かさ」、日本教育心理学会総会発表論文集（30）S46-S47

10) 井口均（2000）保育者が問題にする「気になる子」についての傾向分析、長崎大学教育学部紀要－教育科学－（59）1-16頁

11) 水内豊和他（2001）継続的観察による「ちょっと気になる子ども」の変容過程、日本保育学会大会研究論文集（54）S42-S43

12) 木原久美子（2006）「気になる子」の保育をめぐるコンサルテーションの課題、帝京大学文学部教育学科紀要、31、31-39頁

13) 郷間英世ら（2008）幼稚園・保育園における「気になる子」に対する保育上の困難さについての調査研究、京都教育大学紀要、No.113

14) 久保山茂樹ら（2009）「気になる子ども」「気になる保護者」についての保育者の意識と対応に関する調査、国立特別支援教育総合研究所、研究紀要、36、55-76頁

15) 西村智子ら（2011）就学前の「気になる」子の行動特徴と発達障害の関係、研究論文集－教育系・文系の九州地区国立大学間連携論文集－第5巻、第1号

16) 原口英之ら（2013）保育所における特別な配慮を要する子どもに対する支援の実態と課題、障害科学研究、37、103-114頁

17) 松本美佐子ら（2014）5歳時の社会能力を予測する3歳時の気になる行動に関する縦断研究、日本保健福祉学会誌、20（2）、3-13頁

18) 神尾陽子（2009）自閉症の成り立ち、高木隆郎（編）自閉症－幼児期精神病から発達障害へ－、星和書店、87-100頁

19) 若林明雄・東條吉邦・Simon Baron-Cohen・Sally Wheelwright（2004）自閉症スペクトラム指数（AQ）日本語版の標準化、心理学研究、第75巻、第1号、78-84頁

20) 若林明雄・東條吉邦（2004）児童用AQ（日本語版）の作成と標準化について、国立特殊教育総合研究所分室、一般研究報告書

21) 森則夫・杉山登志郎（編）（2014）DSM-5対応 神経発達障害のすべて、こころの科学、日本評論社

22) 高橋雄介・岡田謙介・星野崇宏他（2008）就学前児の社会的スキル、教育心理学研究、56、81-92頁

第2章 保育者の「気づき」を深めるために
―幼児用社会性チェックリストの作成―

　担任がはじめて「気になる子」に気づいた時は、その気づきに確信が持てず、迷ってしまいもう少し様子を見ようとするなど、先延ばしになりやすいようです。本章では、担任の気づきをより明確にするための「チェックリスト」の作成過程について述べます。

1．保育者が子どもに身に付けさせたい「社会性」とは

　最初に、現場の保育者が日々の保育活動において、「クラスの子どもに身に付けさせたい社会性」とはどのようなものかについて質問紙調査を実施することにしました。質問紙の質問項目を作成するにあたり、2006年に保育士、幼稚園教諭、小・中学校教諭、特別支援学校教諭等15名で「社会性検討グループ」を組織して検討を始めました。そこでは、各自の経験をもとにしながら、社会性に関連する文献・論文・発達検査・資料等について吟味して検討を繰り返し、質問項目を精選していきました。

　その過程では、医学的な診断基準も参考に議論しましたが、医療関係者ではない保育・教育者が診断基準をもとにして子どもの様子を捉えようとしても、一つ一つの行動を正確に見極め判断していくことはできないし、すべきことではないことに気づきました。あくまでも保育者の保育活動の中における「社会性」を見極めていくことにした結果、「子どもに身に付けさせたい社会性」を4カテゴリー100項目に整理することができました。具体的には以下の通りです。

● 生活習慣
　① 物の貸し借りと扱い方（7項目）、② 整理整頓（6項目）、③ あいさつ（6項目）、④ 身だしなみ（5項目）
● 自己コントロール
　① 行動コントロール（6項目）、② 感情コントロール（6項目）
● 対人関係
　① 言葉遣い（6項目）、② 会話（6項目）、③ 遊び（8項目）、④ トラブルへの対処（6項目）
● 園のルール
　① 役割遂行（7項目）、② 時間・合図の遵守（5項目）、③ 学級のルール（5項目）、④ 学習中のルール（5項目）、⑤ 話し合い活動（5項目）、⑥ 集団活動への参加（5項目）、⑦ 場の雰囲気の読み取り（6項目）

　次に、A市内の幼稚園（20園）の年少児から年長児までの担任80名に対して、上記の4カテゴリー100項目から、担当の子どもたちに社会性として身に付けさせたい項目をすべて選ぶよう依頼しました。なお、担任には、設定した項目以外でも重要と思われる社会性について自由記述するように依頼しましたが、件数が少ないため重要度は低いと判断し、各担任が選択した結果を分析しました。分析方法は、各項目について「選択した人数」と「しなかった人数」の差について統計分析を行い、有意差がなかった22項目は削除し、有意差のあった78項目について検討することにしました。次に、80％以上の担任が選んだ項目は重要な項目と考えました。その結果、担任全員では18項目、年少児担任のみでは3項目、年中児・年長児担任では6項目の合計27項目が選ばれました。
　その後、県内各地の保育所や幼稚園に巡回相談した時に、各担任の先生方に27項目について意見をうかがった結果、項目数は21項目まで精選されました。保育者は、この21項目を評価することで、「個々の子どもの社会性」がどの程度身に付いているかどうかを知ることができるのではないかと考えました。

２．幼児期の子どもが身に付けている「社会性」とは

　保育者が捉える「社会性」は、前述の21項目からなる質問形式にまとめ、「（試行版）

幼児用社会性チェックリスト」(表1)と名付けました。しかし、その社会性はどのような要因から成り立っているのか、その社会性は本当に定型発達の子どもたちが身に付けられているのかどうかが不明であることから、実態把握のための調査を実施することにしました[23]。

A市以外の4ヶ所の保育所と4ヶ所の幼稚園の保育者で、年少・年中・年長の担任全員に対して、「特に気になることのない定型発達児」男女各5名を無作為に抽出してもらい、全員の子どもに対し、21項目すべてについて4段階評価を依頼しました。記入漏れのない221名を対象として因子分析という統計分析を実施した結果、21項目のうち19項目から4因子が抽出されました（表2）。

第1因子は、(順番を守って遊ぶことができる)、(集団行動のルールを守り、参加することができる)など7項目からなり、「ルールの遵守」と命名しました。

第2因子は、(自分から友達にあいさつをすることができる)、(友達を遊びに誘う時に、「一緒にしよう」などと誘うことができる)など7項目からなり、「言語的コミュニケーション」と命名しました。

第3因子は、(友達と一緒に、先生の話をソワソワしないで最後まで聞くことができる)、(集会等で、先生が話している時は静かに聞くことができる)、(相手の話を最後まで聞くことができる)の3項目からなり、「聞く態度」と命名しました。

第4因子は、(衣服の乱れや着衣の間違いを先生に指摘されれば、直すことができる)、(衣服が汚れていれば、自分で着替えることができる)の2項目からなり、「身だしなみ」と命名しました。先行研究では、社会性の操作的定義は多岐にわたっていますが、対人的文脈における相互作用を重視するものが多い傾向にあります。第4因子は身辺自立の要素が強く、対人的な相互作用という点では異なる傾向を示しています。第4因子は2項目と構成項目が少なく、信頼性についても十分な値が得られていないため解釈には留意する必要がありますが、保育者は日常の保育活動において、身辺自立に関わる内容も含めた観点で、子どもの社会性を評価していることが考えられます。

そして、この4因子は、統計的にみてもある程度の信頼性があることがわかりました。

表1 (試行版) 幼児用社会性チェックリスト

項目	かなりできる	わりにできる	あまりできない	すこしもできない
(1) みんなの物はきまりを守って使うことができる。	3	2	1	0
(2) 決まった場面では、自分から担任の先生にあいさつをすることができる。	3	2	1	0
(3) 集会等で、先生が話している時は静かに聞くことができる。	3	2	1	0
(4) 衣服の乱れや着衣の間違いを先生に指摘されれば、直すことができる。	3	2	1	0
(5) 友達と一緒に、先生の話をソワソワしないで最後まで聞くことができる。	3	2	1	0
(6) 自分のしたいことがあっても、先生の声かけ「あとで」「また」があれば待つことができる。	3	2	1	0
(7) お礼「ありがとう。」や謝罪「ごめんなさい。」を言うことができる。	3	2	1	0
(8) 相手の話を最後まで聞くことができる。	3	2	1	0
(9) 自分の思いをはっきりと伝えることができる。	3	2	1	0
(10) 遊び仲間に入る時に、「入れて」など声かけして入ることができる。	3	2	1	0
(11) 友達を遊びに誘う時に、「一緒にしよう」などと誘うことができる。	3	2	1	0
(12) ルールのある集団遊びをすることができる。	3	2	1	0
(13) 順番を守って遊ぶことができる。	3	2	1	0
(14) 簡単なルール(朝、連絡帳を提出する等)であれば、一人で守ることができる。	3	2	1	0
(15) 担任の先生にあいさつをされたら、応えることができる。	3	2	1	0
(16) 集団行動のルールを守り、参加することができる。	3	2	1	0
(17) 先生の指示に応じて、行動することができる。	3	2	1	0
(18) 衣服が汚れていれば、自分で着替えることができる。	3	2	1	0
(19) みんなの物をゆずりあって使うことができる。	3	2	1	0
(20) 自分から友達にあいさつをすることができる。	3	2	1	0
(21) 自分のしたいことがあっても、時間が来るまで待つことができる。	3	2	1	0

表2 (試行版) 幼児用社会性チェックリストの因子分析結果

項目	因子 1	因子 2	因子 3	因子 4
(13) 順番を守って遊ぶことができる。	**.864**	-.048	-.139	-.018
(19) みんなの物をゆずりあって使うことができる。	**.799**	.128	.032	-.169
(21) 自分のしたいことがあっても、時間が来るまで待つことができる。	**.711**	-.118	.033	.191
(6) 自分のしたいことがあっても、先生の声かけ「あとで」「また」があれば待つことができる。	**.708**	-.138	.040	.028
(1) みんなの物はきまりを守って使うことができる。	**.683**	-.074	.163	-.060
(16) 集団行動のルールを守り、参加することができる。	**.534**	062	.084	.135
(12) ルールのある集団遊びをすることができる。	**.436**	.247	-.088	.197
(20) 自分から友達にあいさつをすることができる。	.022	**.716**	.096	-.194
(11) 友達を遊びに誘う時に、「一緒にしよう」などと誘うことができる。	.079	**.648**	-.212	.060
(10) 遊び仲間に入る時に、「入れて」など声かけして入ることができる。	.101	**.598**	-.128	.076
(9) 自分の思いをはっきりと伝えることができる。	-.270	**.594**	-.033	.309
(7) お礼「ありがとう。」や謝罪「ごめんなさい。」を言うことができる。	.171	**.577**	.151	-.076
(2) 決まった場面では、自分から担任の先生にあいさつをすることができる。	.039	**.425**	.104	.011
(15) 担任の先生にあいさつをされたら、応えることができる。	-.226	**.415**	.169	-.062
(5) 友達と一緒に、先生の話をソワソワしないで最後まで聞くことができる。	-.022	.049	**.905**	.103
(3) 集会等で、先生が話している時は静かに聞くことができる。	.192	-.017	**.662**	.071
(8) 相手の話を最後まで聞くことができる。	.377	.092	**.450**	-.057
(4) 衣服の乱れや着衣の間違いを先生に指摘されれば、直すことができる。	-.069	-.020	.197	**.717**
(18) 衣服が汚れていれば、自分で着替えることができる。	.139	-.024	-.024	**.716**
寄与率 (%)	32.1	10.6	4.5	3.9

第1因子［ルールの遵守］

第2因子［言語的コミュニケーション］

第3因子［聞く態度］

第4因子［身だしなみ］

　以上のことから、定型発達児に対して保育者が抱いている「社会性」とは、「先生や友達の話を聞き、自分や相手の思いを言葉でやり取りすることができ、身だしなみを整えて、ルールを守りながら園生活を送ることができる」ことであると考えられます。

3．年齢段階で変化する「社会性」

　年齢段階別の得点変化を統計分析すると、第1～第3因子は年中児と年長児の間で有意差がみられ、第4因子は年少児と年中児の間で有意差がみられました。このことは、一般的な成長過程として捉えると身辺自立につながる第4因子の「身だしなみ」は、年少期までに身に付けることが期待され、年中期以上になっても身に付いていなければ「気になること」として気づかれやすいのではないかと考えられます。一方、第1～第3因子は、年中期までに身に付けることが期待され、年長期になっても身に付いていなければ「気になること」として気づかれやすくなるのでは

ないかと考えられます。このようなことから、年中児期は、社会性の成長発達段階の境目に位置しているのではないかと考えられます（図４）。

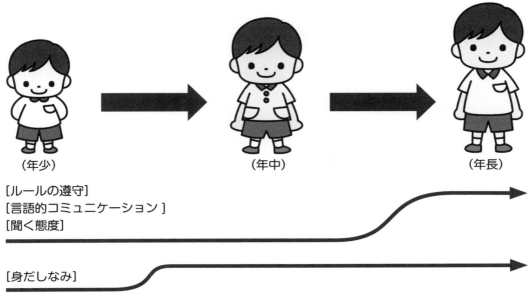

図４　社会性の４因子の成長発達段階図

４．幼児期のすべての子どもの「社会性」をどう捉えるか

（１）定型発達児・気になる子・被支援児の「社会性」

　保育者が考える「社会性」について考える時、私は、どの子の社会性も包み込むことから保育が開始されているということが前提になると考えます。このことを図示すると図５のようになります。保育者が保育活動の中で重要視する社会性を楕円として表し、「定型発達児」の社会性は８角形、「気になる子」の社会性は６角形、「被支援児」（診断や療育を受けている子）の社会性は４角形で表すことにより、それぞれの子どもの社会性の特性の違いを表現するとともに、相互の位置関係が視覚的に理解されやすいと考えました。

　定型発達児であっても成長発達の過程であるため、保育者が求める楕円形までには至らず、例えば８角形の状態であることを意味しています。また、「気になる子」の社会性を６角形、被支援児の社会性を４角形で表現し、角の数が少なくなると身に付いている社会性も少なくなることを表しました。さらに、定型発達児と「気に

なる子」と被支援児との社会性は、少しずつ重複した部分があり関連性があることも表現できるのではないかと考えました。

被支援児は、医学的にみて社会性の困難があると認められた子どもたちです。その医学的な社会性の困難は、保育者が考える社会性とは異なることが推測されます。医学的診断基準における社会性は、対人関係を中心に絞った限定的なものですが、前節で述べたように、保育者が考える社会性は対人関係も含んだより全般的なものと考えられます。

このことから、保育者が考える全般的な社会性は、定型発達児の社会性の状態だけでなく被支援児の社会性の状態を含み、「気になる子」の社会性の状態を、定型発達児と被支援児の中間の状態として捉えることができるのではないかと考えられます。

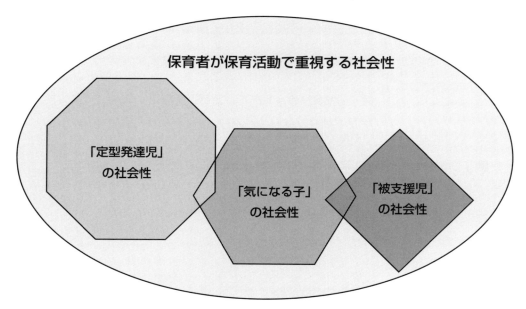

図5　保育者の社会性と子どもの社会性の関係図

（2）チェックリストで個々の子どもの「社会性」の差が捉えられるか

そこで、保育者が考える社会性は、定型発達児と「気になる子」と被支援児の社会性を程度の差として区別できるかどうかについて検討することにしました。方法としては、前節で述べた定型発達児の調査と同時に、同じチェックリストを使って、すべての「気になる子」と被支援児を対象に回答を求めました。その結果、「気になる子」81名、被支援児26名について回答を得ました。

定型発達児群・気になる子群・被支援児群の社会性の得点比較からは、第1・第2・第4因子は定型発達児群よりも気になる子群が、気になる子群よりも被支援児群の得点が有意に低い状態でした。そのため、これらの下位尺度は、それぞれの群に属する子どもの社会性の差異を明らかにしており、「気になる子」を判別できる可能性を示唆するものと考えられます。しかし、第4因子は2項目と項目数が少なく信頼性に課題が残っているのは前述の通りです。第3因子は、定型発達児群に比べ、気になる子群と被支援児群が有意に低く、この尺度項目も社会性の程度の差として説明できる可能性が示唆されましたが、気になる子群と被支援児群の差は有意ではなかったことから、第3因子だけで判別するには適当でないことが示されました。

これらのことから、前節において4因子が抽出された19項目からなるチェックリストについては、すべての因子について定型発達児群とそれ以外の群に有意差が認められ、本チェックリストが「気になる子」を含めて社会性に困難のある幼児を抽出できる可能性が確認できました。しかしながら第3因子・第4因子については不確かな面が残りました。

そこで次に、幼児期の社会性は大人の社会性とは異なり、要素には分類しにくいものではないかと推測し、社会性の困難を全体として捉えるために4因子別に検討するのではなく、合計得点によって社会性の困難の程度を明らかにしようと考えました。そして、対象年齢も年中児に絞ることにしました。その理由は、前節で述べたように年中児は定型発達児の成長発達段階の境目にあたり、成長変化の大きな年齢段階であるために、「気になる子」の状態像がはっきりしやすくなるのでないかと考えたからです。

以上をまとめると、当初100項目のチェックリストから担任の先生方にアンケート調査を行い、先生方が重要と考える21項目に絞りました。その21項目をもとにして「(試行版)幼児用社会性チェックリスト」（表1）を作成し、実際に定型発達の子どもを対象に調査しました。評価基準は「かなりできる＝3点」「わりにできる＝2点」「あまりできない＝1点」「すこしもできない＝0点」としました。4段階としたのは、例えば5段階では「3」の評価に偏ったり、6段階以上では評価基準が多すぎて迷ってしまったり、3段階では評価の幅が狭く偏りが大きくなるおそれがあると考えたからです。

調査結果を統計分析すると、表2のような19項目の4因子からなる社会性が見

いだされました。そこで新たに19項目をもとにして「幼児用社会性チェックリスト」（巻末資料１）を作成しました。

5．一人一人の子どもの特別な支援の必要性をどう捉えるか

（１）「社会性の困難の程度」を把握するチェックリストへ

　「幼児用社会性チェックリスト」の合計得点について検討するために、医療領域で使われているスクリーニング検査の評価方法を参考にしようと考えました[24)25)]。

　医療領域では、さまざまなスクリーニング検査の有効性を評価する際に使われる指標として「感度」「特異度」があります。「感度」とは、実際に障害がある子どもが検査結果から障害の可能性が高いと判断される割合です。「特異度」は、健常な子どもが検査の結果からも障害の可能性は低いと判断される割合です。これら「感度」「特異度」がともに高い検査が有用な検査といわれ、その「感度、特異度」がともに高いポイントを「カットオフポイント」といい、境界点とみなされます。

　具体的には、Ｂ町の保育所・幼稚園・こども園に在籍する年中児全員に対して３年間「幼児用社会性チェックリスト」による調査を実施し、定型発達児群と被支援児群の合計得点を比較検討した結果、１年目はカットオフポイントは40でしたが、２年目と３年目は34でした。また、３年間の総合計でも34となったことから、34ポイントがカットオフポイントとして一つの目安の値と考えられます。しかしながら、定型発達児で34ポイント以下の子どもの割合は７％以下と少ないですが、被支援児では20％の子どもが34ポイント以上となり見過ごされてしまいます。一方、40ポイントを目安の値とすれば、被支援児は95％以上含まれますが、定型発達児が27％も含まれてしまいます。

　ここで、第１章でも述べたように「障害の程度」は連続しているという前提に立てば、「社会性の困難」も当然連続したものと捉えられます。また、本チェックリストは保育者と子どもとの関係から評価を行うため、その評価は固定的なものでなく「現時点での評価」と考えるべきものであり、支援により社会性の困難が改善され、得点も増加する可能性があることから変動するとも考えられます。

　そこで、カットオフポイントを境界点とするのではなく、一つの節とみることにしました。つまり、34ポイントか40ポイントのいずれかに絞るのではなく、「社会性の困難の程度」において、大きな困難と小さな困難の間にある２つの節（34

ポイントと 40 ポイント）に囲まれた領域と捉えることにしました。得点分布の最高得点を 57 ポイント、最小得点を 0 ポイントとすれば、34 ポイントと 40 ポイントを節に 3 つの部分に段階分けされることになります。図 6 は、得点と「困難の程度」の関係をイメージしやすくするため、得点を横軸に、「困難の程度」を縦軸にとり三角形で表現したものです。

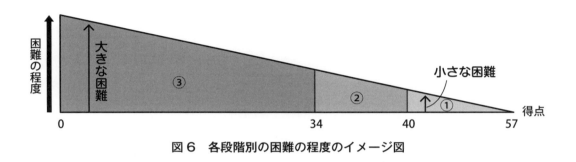

図 6　各段階別の困難の程度のイメージ図

「気になる子」の得点をこの段階分けにあてはめ、以下に示す第 1 段階～第 3 段階に分けて、困難の状態を各段階毎にまとめることにしました。

　　第 1 段階：41 ポイント以上……「社会性の課題が少ない」（社会性のズレ）
　　第 2 段階：34 ～ 40 ポイント……「社会性のつまずきが疑われる」
　　第 3 段階：33 ポイント以下……「社会性の困難が疑われる」

第 1 段階に位置付く子は、基本的に社会性の課題のあることが少なく、特に気にならない子として見られる子どもたちです。しかしながら、このような子どもの中にも些細なつまずきが隠れている場合があり、そのようなつまずきを見落とさないようにするために、「社会性の課題が少ない」が「ズレ」のある子が隠れていることを認識することが重要と考え、このような表現としました。

第 2 段階に位置付く子は、社会性の困難が見え隠れする子どもであり、本人の調子や場面、相手によって強く出たり出なかったりすることが多く、保育者にとって「気になる子」としてみるかどうか躊躇してしまうような子どもたちです。そのため、社会性の「困難」ではなく社会性の「つまずき」と表現することで、イメージが捉えやすくなるのではないかと考えました。

第 3 段階に位置付く子は、社会性の困難を強くもっている子どもであり、いつ誰

が見てもその困難さに気づきやすい子どもです。そのため、この段階の子どもに関しては、社会性の「困難」という言葉が適切であると考えました。

なお、「つまずきがある」「困難がある」など「〜がある」と表現することで診断や判定のように取り扱われる恐れがあります。そのことを避けるため、第2、第3段階では「〜が疑われる」という表現を使うことにしました。

(2) チェックリストからみえる「社会性の困難」

この段階分けをもとに、B町の「気になる子」の3年間をみてみると、41ポイント以上の子どもの割合は25〜48％であり、34〜40ポイントでは24〜40％であり、33ポイント以下では23〜36％となり、各段階の割合は概ね3分の1ずつでした（図7）。このことから、「気になる子」の中でも社会性の困難の程度には差があることがわかります。

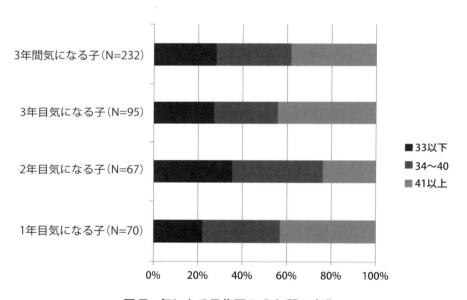

図7　気になる子集団の3年間の変化

また、被支援児の3年間をみてみると、41ポイント以上の子どもはほとんどいなくて、34〜40ポイントでは10％あまりであり、33ポイント以下では80％あまりでした。このことから被支援児は、ほとんどの子どもが第3段階の「社会性の困難」の範囲にあり、特別な支援の必要性が高いのではないかと考えられます（図8）。

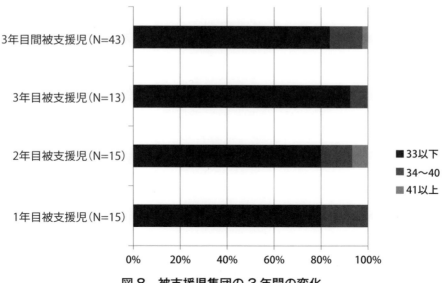

図8　被支援児集団の3年間の変化

　一方、定型発達児の3年間をみてみると、41ポイント以上の子どもは80％程度であり、34〜40ポイントでは20％たらずであり、33ポイント以下はほとんどいませんでした。被支援児とは逆に定型発達児は、ほとんどの子どもが第1段階の「社会性の課題が少ない」の範囲にあることがわかります（図9）。

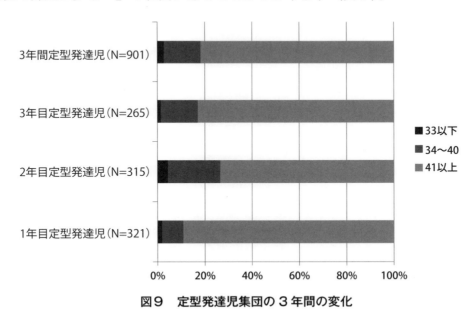

図9　定型発達児集団の3年間の変化

　これらのことから、被支援児に対して行われる特別な支援は、「気になる子」に対しても社会性の困難の程度に差はあるものの必要な支援と考えられます。同様に

「社会性の課題が少ない」子においても、「社会性のズレ」がある定型発達児に対しては、必要な支援が求められるのではないかと考えます。

　また、上記の段階は、年中児のデータをもとにしたものであり年少児や年長児にはそのまま当てはまるものではないことに留意する必要がありますが、成長発達段階の連続性からみれば、年中前後の年少児や年長児においても参考値とすることは可能と考えられます。そこで、「幼児用社会性チェックリスト」は、対象年齢を年少児（3歳児）から年長児（5歳児）までとすることにしました。

　以上のことから、本チェックリストは「社会性の困難の程度」を把握し、その「困難の程度」の差に応じた「支援の程度」の手がかりを提供するものであると考えます。

6．「幼児用社会性チェックリスト」の記入上の留意点

　本チェックリストは、保育所・幼稚園・こども園の3歳児（年少児）から5歳児（年長児）までの幼児を担当している保育者が「気になる子」の社会性の困難の程度を把握し、支援の手がかりとするために実施するものです。発達障害の有無を判断するものではありません。なお、本チェックリストは性別の区別を行っていないことに留意してください。

　チェックする時は、2名以上の保育者が別々に評価し、後からそれぞれを比較検討して一つの評価としてまとめます。このことは、一人の主観に偏りすぎないために必要なことと考えます。

　評価する時期は、保育者が担当してから1ヶ月以上経ち、子どもとの生活に慣れてから最近の1週間程度を思い出して評価します。このことにより、子どもの一時の変化だけにとらわれず、日々の生活の流れに沿った様子から実態を把握することになると考えます。

　評価する場面は、登園してから降園するまでの園生活全体から評価します。このことは、子どもの一場面だけから判断することなく、いろいろな場面を通して評価していくことになると考えます。

　評価基準については、以下の観点を参考にしてください。

「かなりできる」………常日頃、習慣的にしている。または、できている。
「わりにできる」………だいたいしている。または、部分的にできている。

「あまりできない」……時々している。または、少しできている。
「すこしもできない」…していない。または、できていない。

　質問項目すべてについて、子どもの様子に最も近い数字を選び○をつけてください。なお、質問項目番号 (8) (9) は、1対1での友達との会話場面を想定したものであることに留意してください。

【参考文献】
23）馬場広充・田中栄美子（2012）幼児期における「気になる子」の実態把握について、日本LD学会第21回発表論文集、526-527頁
24）市川宏伸・内山登紀夫（編著）（2012）発達障害 早めの気づきとその対応、中外医学社、44-53頁
25）馬場広充・田中栄美子（2014）「すばる方式幼児用社会性チェックリスト」の有効性の検討、日本LD学会第23回発表論文集、573-574頁

第3章 「社会性の課題」に対する支援とは
―適時支援・継続支援・計画支援―

　本章では、「社会性の困難の程度」とはどのような状態であり、「支援の程度」とは具体的にどのようなものであるかについて考えていきたいと思います。ここからは、「社会性の困難の程度」というように「ズレ」「つまずき」「困難」の全体を指す場合は、混乱を避けるために「社会性の困難」ではなく「社会性の課題」として表現していくことにします。

1．「気になる子」の「社会性の課題」

　友達の気にしていることを平気で指摘したり、いつでも一番になりたがったり、落ち着きなくソワソワして活動がすぐ変わるような子どもは、今までは「社会性の課題」という視点がなかったために、「躾ができていない子」「わがままな子」「自分勝手な子」として捉えられることが多かったと思われます。そして、保育者のかかわり方としては、「〜しては、ダメ」というような禁止の言葉かけが多くなったり、「がまんしなさい」「わがまま言ってはいけません」などの叱責や禁止の言葉が多くなります。その結果、「社会性の課題」のある子は、反発して保育者に対して「いやだ、いやだ」「くそばばあ〜、あっちへいけ」などと罵詈雑言を浴びせかけたり、やけっぱちになって「どうせ僕なんて、ダメなんだ」「僕なんか、死んだらいいんだ」と言って自暴自棄のようになり、保育者も「ダメな子」と見てしまい対応が一層困難な状況に陥ってしまいます。このように通常のかかわり方で対応していると改善が難しく、かえって悪化してしまうような場合を「社会性の困難」が疑われる状態と考えます。

　次に、「社会性のつまずき」が疑われる状態は、例えば、ゲームの時はいつも一番になりたがる等特定の場面のみでトラブルになることが多く、通常のかかわり方

ではなかなか改善しないが、そのほかの場面ではそれほど問題になることは少ないような場合であったり、保育者が注意すれば少しは我慢できるが、また繰り返してしまったりするような場合を「社会性のつまずき」が疑われる状態と考えます。

次に、「社会性のズレ」のある子の状態は、生活全般において大きなトラブルになることは少ないが、ささいなトラブルが続いているような場合です。例えば、ついつい友達が嫌がることを言ってしまうが保育者の声かけがあれば謝ることはできるものの、同じことを何度も繰り返してしまうような場合であったり、周りからは困っているようには見えないが、信頼できる保育者だけには不安感を訴えたりするなど、単なる気持ちの持ち方の問題として対処されてしまっているような場合を「社会性のズレ」がある状態と考えます。

以上のことから、「社会性の困難」が疑われる子どもに対しては、個別の指導計画を作り集中した対応が求められますが、保育者は、「社会性のつまずき」や「ズレ」などの少しの困難を抱えた子どもに対しても素早く気づき、個別の指導計画を作成する前に早めの対応を行うことが同様に求められているという認識をもつことが重要です。「社会性のつまずき」や「ズレ」のある子どもには、素早く、その時その時の子どもの状態に合わせ、より適切な支援を探りながらかかわっていくことにより、子どもも保育者も少しの努力で大きな効果が得られると考えます。

2.「社会性の課題」の程度の差に対応した支援

「社会性の課題」のある子への今までの保育のかかわりは、できないことを代わってしてあげたり、スキンシップを多くしたり、励まし・禁止・叱責等の言葉だけでかかわるために、なかなか改善せず、かえって混乱してしまうことが多かったように思います。

「社会性の障害」のある発達障害児は、日々の生活の中で上記のような「社会性の課題」が多くみられることから、その改善のために個々の特性に応じた支援が実施され、効果が認められるようになってきました。このようなことから、「気になる子」の「社会性の課題」についても発達障害児への支援を参考に、一人一人の状況をもとに個々の特性に応じた支援を工夫する必要があると考えます。しかしながらこれまでは、このことがすぐに、個別の指導計画の作成による支援につながっていましたが、「社会性の課題」には程度の差があるという観点に立てば、支援の程

度にも、子どもが困っている生活の一場面の環境を変えるだけの段階から、子どもの全体像を基に個別の指導計画によらなければ解決が難しいと思われる段階まで幅があると考えられます。そこで、「社会性の課題」の３段階に応じて、以下のように「ちょこっと支援」「やりとり支援」「じっくり支援」を設定し、それぞれどのような支援が考えられるか検討していきたいと思います。

> 第１段階：41ポイント以上　「社会性の課題が少ない」（社会性のズレ）
> 　　　　　⇒ ちょこっと支援（適時支援）
> 第２段階：34〜40ポイント　「社会性のつまずきが疑われる」
> 　　　　　⇒ やりとり支援（継続支援）
> 第３段階：33ポイント以下　「社会性の困難が疑われる」
> 　　　　　⇒ じっくり支援（計画支援）

（１）ちょこっと支援（適時支援）

「幼児用社会性チェックリスト」の合計得点が41ポイント以上で、対象となる子どもの社会性の状態は、生活全般に概ね問題となるような場面は少なく大きな困難はないが、ささいな問題が続いているような状態にある場合を「社会性のズレ」として捉えます。発達障害の特性から原因を想定し、環境を変えたり本人が気づきやすいように工夫したりするなどの支援の方法を具体化します。

このように、一つの課題に対して行う支援が、すぐに実行でき、保育者にとっても負担感の少ない支援を「ちょこっと支援」と呼び、必要に応じて行うことが重要であることから「適時支援」ともいえるのではないかと考えます。

● ちょこっと支援の対応のステップ（S）
【例：荷物の片付けができない（44ポイント）】
S-1「社会性のズレ」の状態を把握する。
・登園した時に、荷物の片付けが途中までしかできず、遊んでしまう。
S-2「ズレ」が起きていない状況を把握する。
・「荷物が少ない時」や「友達が遊んでいない時」は、スムーズに片付けができる。

S-3 発達障害の特性から、原因を推測する。
・片付けする物が多いと集中が途切れるが、少ないと集中が途切れない。また、友達が遊んでいるのが目に入ると、そちらに注意が向きやすく、遊びに巻き込まれてしまい片付けできない。

S-4 環境設定を変更したり、本児が気づきやすいように工夫する。
・片付けする物の数を減らし、興味のある遊びコーナーの横を通らないで片付けできるように、片付けする場所を変える。
S-5 支援を開始するタイミングを考慮する。
・月曜日は荷物が多い場合があるので、月曜日は予告し火曜日から始める。「行事の開始から始める」など、子どもの気持ちの切り替えやすさと、保育者のかかわりやすさ等から開始日を決める。

「ちょこっと支援」のコツは、
　第一に、気づいた時にできるだけ速やかに支援を開始すること
　第二に、言葉だけでなく視覚的な援助（実物や絵や写真等）を利用し、子どもが見てわかるものを使用すること
　第三に、指示する時は、本人の注意を保育者に引きつけてからすること
　第四に、保育者からの指示のみに偏ることなく、子どもが自己選択できる機会を設けること
などです。
　その他の「ちょこっと支援」の事例は以下の通りです。

事例1－1　ルールのある遊びに参加できない（42ポイント）

S-1 鬼ごっこのルールがわからず、タッチされても逃げてしまい友達に注意されると怒り出す。
S-2 ジャンケンのルールは最初わからなかったが、勝ち負けを絵に描いて示すと理

解できた。

S-3 鬼ごっこは、鬼に捕まった時どうなるかが日によって変わっていたため（ルールが日によって違っていた）、本児はどのように対応したらよいか理解できずにただ逃げてばかりいる。ジャンケンのルールは、絵に描いて示されたので理解しやすかったと思われるので、ルールを明確にして見てわかる手がかりを使う。

S-4 鬼ごっこでは、鬼に捕まったらいつも決まった丸印のある場所へ行くことを、友達に相談して決める。

S-5 先生と友達が、余裕をもって新たな鬼ごっこを始められるように、時間をたっぷりとってから本児と一緒に遊ぶ。

事例1－2　制作活動で困った時に固まってしまう（46ポイント）

S-1 折り紙を折ったり絵を描いたりする時に、どうしてよいかわからなくなると止まってしまう。

S-2 簡単な制作は、一人でできる。

S-3 困った時に助けを求める方法が身に付いていないために、じっとしているのではないか。

S-4 制作時には先生がそばで待機し、手が止まったらすぐに「おしえて」と書かれたカードを提示し、本児に読ませる。本児が読めばすぐに「教えますよ」と言って教える。

S-5 他の子どもにはそれほど難しくなく、本児にとっては少し困難なテーマを選び、集中して取り組む。

事例1－3　上手に書けた絵や字を褒めると怒り出す（49ポイント）

S-1 本児は一人で絵を描いたり字を書いたりすることが多く、「上手だね」と褒めると怒りだす。

S-2 大変精密な絵が描けていたので、「すごいね」といったらニコニコしていた。

S-3 本児が「上手」と思っている基準は「標準以上」であることから、少しうまく描けていることを褒められても納得できないために怒りだしているのではないかと思われる。

S-4 「絵の褒め方3段階表」（うまい・じょうず・めいじん）を本児に分かりやすいように視覚的に提示する。

S-5 絵を描く前に、3段階表を提示し説明する。

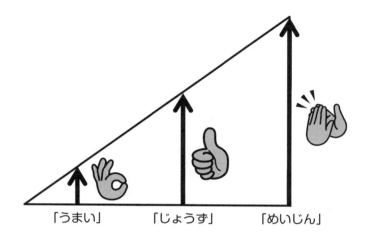

事例1－4　物を持って遊ぶなど危険な遊びが止められない（41ポイント）

S-1 戦隊もののテレビ番組の影響から、チラシで剣を作って持ち歩き、振り回して友達に当たりそうになる。

S-2 戦いごっこになると剣を振り回して遊ぶが、それ以外の遊びでは剣は持たないがトラブルになることが多い。

S-3 活動的であり衝動的な遊びである「戦いごっこ」は、本児にとって興味関心の強い遊びであるために、なかなかやめられないでいる。

S-4 たくさんのチラシの剣を常に持ち歩くようになり、すぐに戦いごっこを始めようとするようになった。そこで、剣を持ち歩くと折れたりなくしたりするので、剣を置く場所を決めて置かせ、必要な時だけ持ちだすことにした。

S-5 友達が勝手に触らない場所で、本児が安心する場所を一緒に探し、納得してから始めることとした。最初はよく確認していたが、だんだんとしなくなり、興味が薄れてきているようである。

これらの「ちょこっと支援」の事例は、私が実際に相談支援を行ったものの一部です。発達障害の特性に応じた支援のヒントは最近の書籍にたくさん収録されていますので、それぞれの保育者が各自の責任で、最も適切な支援を探して実践してほしいと思います。その際、保育者は実践した結果からぜひ学んでほしいと思います。本に書かれた通り実践できたとしても、実際の子どもの実態は本と違っているため、うまくいかないこともあります。そのズレを見つけ、修正していき、その子に合った支援を自ら見つけていくことが最も重要であり、保育者に求められていることと考えます。

（2）やりとり支援（継続支援）

　「幼児用社会性チェックリスト」の合計得点が34～40ポイントの間にあり、対象となる子どもの社会性の状態は、生活の中の特定の場面において特に困難があり、少しのかかわりだけではなかなか改善できないような場合を「社会性のつまずき」として捉えます。課題となる特定の場面では、保育者は子どもと1対1で、発達障害の特性から原因を推測し、環境を変えたり本人の思いを汲み取ったりするなど、子どもと保育者が交互にかかわり、子どもが受け入れやすい手がかりを探っていくような支援を「やりとり支援」と呼び、一度の支援で終了することはなく継続した支援が必要なことから、「継続支援」ともいえるのではないかと考えます。

● やりとり支援の対応のステップ（S）

【例：トイレでおしっこができない（38ポイント）】

S-1 「社会性のつまずき」の状態を把握する。
・トイレでおしっこができず、紙パンツの中にする。

S-2 課題となっていることについて、園や家庭での今までの状況を調べる。

・年長児になるまで、園や家庭で便器におしっこをしたことがなく、紙おむつの中にしていた。

S-3 具体的な目標を立てる。

・一人で、トイレで便器に排尿することができる。

S-4 課題の現状把握のために、クラス全体の中での本人の課題に関する言動を把握し、発達障害の特性と本人の気持ちとを推測し、目標を達成するための最初の手だてを立てる。

・全員に声かけすれば、皆と一緒にトイレには入るが、手を洗って出る。今まではトイレにも入れなかったことを考えると、本人なりの努力を認め褒めていく。本人は、トイレに入るのは手を洗うためと納得しているようである。

・トイレで排泄をしないことは、「こだわり」行動と解釈できる。過去に何かのきっかけがあったのかもしれないが、今は不明である。そこで、本人の高い知的能力を基に「長時間、排泄をがまんしていると体によくない」ことを理解させるために、体の仕組みについての絵本を提示し、排泄することの必要性を理解させることから始めることにした。

S-5 手だてを実行した時の本人の言動から、発達障害の特性について再度検討して本人の気持ちの確認を行い、手だての継続か修正かを判断する。

・体の仕組みの絵本は興味を持って読み、何度も見ている。排泄の必要性は理解できていると思われるが、行動が伴わず、トイレには入れるが便器の前には立てない状態である。

・そこで、新たな手だての必要があると判断した。今はトイレで手を洗うことができているので、よく似た行動として、便器のボタンを押して水を流す行動はできやすいのではないかと考えた。そして、便器でおしっこをするのではなく水を流してきれいにするということに置き換えれば、「トイレでおしっこをしない」という気持ちはそのままに、行動を変えることができるのではないかと思われた。

S-6 以後、やり取りを繰り返していき、目標の達成を目指す。

・保育者が本児に対して「水を流してないから、流してくれる？」と声かけすると、ボタンを押して水を流せた。

・本人は大変驚いた様子であったが、保育者が「流してくれてありがとう。便器の前にも立てたね」という「お礼」と「できなかったことができたこと」を言葉で伝えたら、うれしそうな表情になった。「便器の前に立つと排泄しなければならない」と思い込んでいたことが、「便器の前に立つ」ことは「排泄する」こととは無関係であることが、体験を通して理解されたと思われる。

・以後、便器の水流しは抵抗なくできるが、排泄はしない状態が続く。

　「やりとり支援」は、保育者の願いをもとに子どもの思いを汲み取りながら、支援方法をその都度編み出しては修正することを繰り返す中から見つけだしていくものです。この支援は、最初から一つの支援方法だけに頼るのではなく、子どもの動きや表情、態度から思いを汲み取りかかわり方を最適化していくことが最も要求されます。
　このことは、保育者と子どもの主観のぶつかり合いの中からお互いが響き合えるものを探していく営みといえます。そして、この営みは、一人の保育者と一人の子どもとの間でのみ成り立つ関係を見つけ出していくという非常に個別的なものです。客観的な見方は役に立たず、いかにお互いがわかり合えるかというぎりぎりのところで見いだされていくものであるため、再現性や一般化は困難であり、その時その場にいる保育者と子どもとの間にのみ意味を成すかかわり方であるといえます。そのため、保育者のかかわりの経過を丁寧に記録し、保育者のかかわりに応じた子どもの行動や表情・態度も併せて記録しておくことで、その場では気がつかなかったことに気づいたり、冷静に見直すことで新たな課題も見つけだせるなど、記録を取ることは最も重要なことであると考えられます。
　日ごろから保育者は、日々の保育において一人一人の子どもの様子を保育記録として残しています。その保育記録をもとに、子どもの特定の課題に関する部分のみを抽出したものを「支援の経過シート」としてまとめることが有効と考え、表3に本事例で紹介した「やりとり支援」の記入例を示しました。
　一方、子どもの実態を把握して発達障害の特性から見直し、困難の要因を推測し、はっきりとした改善目標を立てて支援の手がかりを見いだしていく過程は、客観的事実をもとに支援計画を作り上げていくためには非常に重要なことと考えます。例えば、能力的なことを把握する時に、欲目で過大評価したり逆に過小評価することなく、事実をもとに子どもの強みと弱みをつかみ、それを生かした支援を考案することは、支援の第一歩としては最も適切なことです。しかしながらその子に合った支援とは、この支援計画にこだわることなく、適時修正を繰り返しながら最適化していく過程こそが重要であり、客観的なものから主観的なものに変わっていくと考えられます。
　以上のことから、「やりとり支援」の本質は、「客観的事実」から「主観的かかわ

表3 支援の経過シートの記入例

所属（○○○園）

子どもの名前（　A　）　年齢（5歳7月）　性別（男）　作成日　○○年○○月○○日　記入者氏名（○○○○）

課題	トイレでの排尿

現状	（今までの担当からの経過） 今まで園ではトイレでオシッコをしたことがなく、自宅に帰ってから紙パンツの中にしていた。トイレの中にさえも、入りたがらなかった。 （保護者からの情報） トイレでオシッコをさそうとしてきたが、嫌がり紙パンツをはいてしてしまう。初めての場所では、トイレに行けない。 （関係機関からの情報）

目標	一人で、トイレで排尿することができる。

日付	支援者のかかわり（親や関係機関からの情報）	本児の行動及び言葉（友達の様子）
9/10	・全員に対する声かけ	○みんなと一緒にトイレに入るが、手を洗うだけで、みんながいるとオシッコはしない。
	・トイレに入ることだけでも本児にとっては、勇気のいることなので、その都度褒めていきたい。	
	・手を洗うことで、トイレに行ったことを納得させているようである。	
	・本児の気持ちは、トイレでの排泄の必要性が納得できないと思われる。今まで、家庭に帰るまで我慢していて、紙パンツにすることと決めていたのに、どうしてトイレでしなければならないのか疑問である。そのために、トイレで排泄することについて、本児にわかりやすく説明することが必要と考えられる。	
9/11	・本児になぜ排泄をしなければならないのか、排泄をしないと体によくないことを伝える。体の仕組みに関する本を見せる。 ・ニコニコしているので、興味があるようだ。	○聞かないふりをする。 ○トイレに関する絵本を読むとニコニコしながら見ている。
	・友達がトイレから出た後、先生と一緒にトイレに入ろうと誘う。	（友達はオシッコをして、トイレから出る。） ○保育者と一緒にトイレに入るが、便器の前に立つことはできない。
	（母親に園での様子を伝える。相変わらず家庭でもトイレには入らない。しかし、「病院では尿検査の時に、トイレで紙コップにオシッコをすることができた」そうである。母親にも見せないそうである。）	
	（母親と本児は、6歳の誕生日までにトイレでできると約束している。母も不安や焦りがあるようだ。家庭も努力していることが分かる。） ・本児も母の気持ちは分かっていると思う。 ・母と共通理解しながら、園でも進めていきたい。	
9/12	・保育者と一緒にトイレに入り、便器の前に立つように促す。	○手を振り拒む。
	・保育者が「水が流れてないから、流してくれる？」と頼む。	○便器の前に立ち、水を流す。
	・自分でも驚いている様子であった。 ・本児に「水を流してくれてありがとう。便器の前に立つことができたね。すごいね。」と言う。	○初めて便器の前に立ち、水を流せた。

り」へいかにつないでいけるかが最も重要な要となります。主観と客観は相対峙するべきものではなく、互いの認識は相互に補い合う時に最もその効果を発揮することができるものと考えます。

その他の「やりとり支援」の事例は以下の通りです。

事例2－1　おもちゃの貸し借りができずトラブルになる（34ポイント）

S-1 友達が使っているおもちゃを使いたくて、本児が友達に「かして」と言った時に、友達が「イヤ」などと貸さない時は、取り合いのけんかになる。

S-2 家では、好きなようにおもちゃが使えるので兄弟げんかはない。今までは友達が遠慮して、本児が友達に「かして」と言った時に、友達が「いいよ」と言ってくれていたが、最近は、友達もはっきりと「イヤ」と言うことが増えてきたために、トラブルも増えてきた。

S-3 友達に「あとでね」と言われた時は、代わりのおもちゃで遊ぶか、貸してくれるまでほかの遊びをして待つか、自分で決めて守ることができるようになることを目標とした。

S-4 本児は、以前の流れから、自分が友達におもちゃを「かして」と言えば、いつでも「いいよ」と言って貸してくれるものと思い込んでいるようである。相手の友達の気持ちを考えることは苦手であると考えられる。そして、友達から「イヤ」とか「ダメ」という言葉が返ってくることで、反射的に取り合いになるなどトラブルになっていた。そこで、友達には「あとでね」と言ってもらうように依頼した。本児には、「あとでね」と言われたら「代わりのおもちゃ」と「3分待つ」の2枚のカードから1枚を選ばせるようにした。

　実施開始は、行事等がなく保育者が忙しくない時期に、全員におもちゃの貸し借りについての約束を説明し、本児にも確認してから始める。

S-5 最初は、「代わりのおもちゃ」カードを引いても、気に入ったおもちゃが見つ

からず、もとの友達が使っているおもちゃを欲しがったりしてトラブルになった。「3分待つ」カードを選んだ時は、タイマーを持って外遊びに行き、タイマーが鳴ったら帰ってきて友達からおもちゃを借りることができた。大変うれしそうであった。

S-6 以後は、「3分待つ」カードを選ぶことが増えてきた。

事例2－2　初めての朝の準備に戸惑う（年少児、40ポイント）

S-1 環境が変わると不安になり、音に敏感で怖がる。言葉のみの指示は理解が難しい。朝の荷物の片付けをせず、すぐに遊びだす。

S-2 初めての集団生活のため、不安感からか「次は、何をするの？」とよく質問する。朝の生活習慣は、家庭内で過ごしていたために身に付いておらず、園生活では戸惑うことが多く、混乱しているように見える。

S-3 1日の最初の活動である「朝の荷物の片付けを一人でできる」ようになることは、1日のスタートであり家庭から園生活への切り替えのためにも重要と考えた。

S-4 保育所から来た子どもは、スムーズに朝の片付けをしているが、本児のように初めての園生活を始める子どもには戸惑っている子もいる。しかし、5月の半ばにはほとんどの子どもができるようになっているが、本児はまだできていない。

　　本児は、下靴を脱いだ後、上靴に履き替えずに素足のまま教室に入って遊んでしまっているので、最初は「下靴から上靴に履き替える」ことを目標とし、下靴を脱ぐ場所と靴箱、上靴を履く場所にテープで枠を作って本児用のシールを貼り、下靴と上靴の絵カードも貼り付けておくことにした。

S-5 初めに保育者が靴の履き替えの場所を説明し、一緒に履き替えた。次の日は、横で見ているだけでできていた。以後、時々確認するが確実に身に付いている。

S-6 次に、朝の荷物の片付けを一人でできるようになるために、リュックから荷物を全部出す場所を決め、そこから一つずつ所定の場所へ持っていくようにすると、これもすぐにできるようになった。そこで、次は少し難しい課題として、給食後のエプロンの片付けを課題として取り上げた。エプロンはやわらかく形を整えにくいため、折りたたむことは難しいことが予想された。しかし、本児は友達がエプロンをたたんでいるのをじっと見ていることがよくあることから、本児もたたんでみたい気持ちがあるのではないかと思われた。そこで、大きな画用紙にエプロンの実物大の絵を描き、折り線と順番を明示したジグを用

意した。最初は、先生と一緒に、手を添えてもらってたたむことができた。2日目から、先生が横で指示するだけでたたむことができるようになり、1週間経つと一人でたためるようになった。以後は、自分でジグを用意して一人でたたむようなった。1ヶ月以上経過するとジグなしでもたためるようになり、ジグは用意しなくなった。時々うまくたためない時もあるが、保育者にアドバイスをもらうだけでたためている。

（3）じっくり支援（計画支援）

「幼児用社会性チェックリスト」の合計得点が33ポイント以下であり、対象となる子どもの社会性の状態は、生活全般において困難が多くあり、なかなか改善できないような場合を「社会性の困難」として捉えます。多くの課題の中から優先順位をつけ、課題を一つに絞り保育者が子どもと1対1でかかわり、発達障害の特性から原因を推測しながら、環境を変えたり手順を省略したりするなど、子どもが取り組みやすい手だてを工夫し、計画的な支援と記録・評価を必要とする支援を「じっくり支援」と呼び、計画的な支援が必要なことから「計画支援」ともいえるのではないかと考えます。

この計画支援を実現する手立てとして「個別支援シート」（巻末資料2）があります。保育所保育指針や幼稚園教育要領において、障害のある子どもに個別の指導計画を作成することの必要性が指摘されているように、一人一人の子どもの実態から目標を立て、支援の手立てを工夫し、実践・評価・工夫することが求められています。以下、具体的な手順にそって説明していきます。

● じっくり支援の対応のステップ（S） ― 個別支援シートの作成 ―

S-1 本人の「全般的な実態把握」から始め、次に、担任が現在「気になること」についてすべて書き出す。

一人の人間としての子どもを捉えるためには、「気になること」のみに注目するのではなく、子どもの全体像を最初に捉えたうえで、「気になること」を全体の中に位置付けるように拾い出すことが重要なことと考えます。

S-2 「子どもの個性」として、「好きなこと・得意なこと」と「嫌いなこと・苦手なこと」をできるだけたくさん挙げる。

「嫌いなこと・苦手なこと」の中には、発達障害の特性と関係していることが含まれている可能性があり、「気になること」以外からも本児の特性把握のヒン

トとなるものが見つけられることがあります。「好きなこと・得意なこと」は、支援に際して本児の意欲を高めるために最も有効なことが多く含まれていることから、できるだけたくさん見つけだすことが重要です。

S-3 「保護者の願い」はどんなことでも書き出しておく。

　子どもの実態からいって、高すぎたり低すぎたりしてもそのまま記入すべきと考えます。それは、今後、保育者と保護者が協働して子どもの支援をしていくためには、お互いの思いを尊重することから始めることが、信頼関係を構築していくうえで最も重要と考えるからです。

S-4 「担任の思い」は、たくさんの「気になること」から範囲を絞り込み、より具体的なことを挙げる。

　「改善してほしい不適切な言葉や行動」や「できなかったことが、できるようになって欲しいこと」を観点として取り上げるようにします。

S-5 「支援を必要とする課題」は、S-1からS-4までをもとに、発達的な適切性・機能性・自立性について検討し一つに絞る。

S-6 「課題の分析」は、最初に、「課題が起こっている状況」として、子どもが「支援を必要とする課題」について、「いつ・何をしている時」「どこで」「誰と」「どのようにして」「どうなったか」を分析する。併せて「保育者はどのようにかかわったか」についても客観的に書き出し、うまくいかなかった理由についての資料とする。さらに「課題が起きていない状況」を記述し、その原因を探る手がかりとする。

S-7 「支援の考案」では、まず「発達特性」として、本児の課題となることが「発達障害児の社会性に関する特性」とどのように関連しているかについて考察する。次に「活用できる資源」として、支援に際して利用できそうなことを何でも取り上げておく。最後に「支援の工夫」では、「課題の分析」から「活用できる資源」までをもとに具体的な支援の方法を記述する。

S-8 「具体的な目標」と「いつ・何をしている時」「どこで」「誰と」「どのようにして」「保育者は、どのようにかかわるか」について、具体的に記述する。

S-9 記録方法と評価の観点を決める。

S-10 実践し、記録し、評価し、再試行する（巻末資料3「個別支援・記録シート」を活用）。

　以上の手順による支援は、非常に計画的であり客観的事実をもとに支援を仮説し

ていることから、根拠のある支援といえるのではないかと考えます。このような支援の積み重ねによって、より適切な支援を見つけだすことができると考えます。

　「じっくり支援」は、いかに客観的事実を集め、その中から有効な支援につながるヒントを見つけだし、支援方法として形作ることができるかが最も重要なポイントと考えます。そのためには、以下に示すような「個別支援シート」を作成した上で十分な検討が必要です。その際留意すべきことは、完全な計画作りを求めるあまり、計画倒れになったり計画作りだけで終わることのないように、ある程度計画を作れば実践に移し、記録を取ることで客観的な評価から絶えず見直していくことが重要と考えます。

　「じっくり支援」の個別支援シート、個別支援・記録シートの記述例は以下の通りです（事例3-1、3-2）。

事例3-1　高いところが好きでのぼってしまう（21ポイント）

個別支援シート
○○年○○月○○日現在

(名前) □□ □□	(性別) 男	(年齢) 4歳 2月	(生年月日) △△年 △月 △日
(所属名) ××保育所		(組名) ○△ くみ	(作成者) ○□ ×子

全般的な様子	身辺自立（身だしなみ・食事・排泄・着替え・掃除）、コミュニケーション（言語理解・表出）、集団参加・対人関係、自己コントロール、移動　等の全体的な様子について、記入する。 ・食事は意欲的に好きなものを食べる。 ・トイレに行きたい時は、伝えてくれる。自分の好きなDVDのキャラクターの名前をよくつぶやく。 ・近寄ってくる友達に笑って抱きつく。
気になること	・偏食がある。 ・高い場所にのぼろうとして、危険なことがある。 ・クラスでの活動や誕生会などで、席に長く座っていられない。 ・遊びが限られていて、友達とかかわって遊ぶことが少ない。

子どもの個性	好きなこと 得意なこと	・外遊びが好きでジャングルジムの昇り降りを、繰り返し楽しんでいる。 ・高い場所からジャンプすることが好きで、何度も繰り返す。 ・三輪車や自転車にも興味が出始めている。　・音楽が好き。
	嫌いなこと 苦手なこと	・皆と一緒に決められた遊びをすること。 ・登所時の荷物の片付け。 ・給食を食べ終えると少しは待てるが、「ごちそうさま」まで待っていられない。

担任の思い	保護者の願い	・みんなと同じように、同じ場所で活動してほしい。 ・友達と一緒に遊んでほしい。
	改善してほしい不適切な言動 できるようになってほしいこと	・危険なところには、あがらないようになってほしい。 ・遊びの種類が広がってほしい。 ・自分の思いを友達に伝えられるようになってほしい。

支援を必要とする課題	一人で遊んでいる時に、高いところにのぼろうとしたり窓枠の狭い場所を歩こうとするなど、危険な遊びをしてしまう。
本人の思い	高いところが好きなので、のぼりたかった。

課題の分析	いつ・何をしている時	どこで	だれと	どのようにして	保育者は、どのようにかかわったか	どうなったか
課題が起こっている状況	好きな遊びが終わり、ウロウロしていて	教室やプレイルーム	一人で	大型ブロックや椅子、机などの上にだんだんとのぼっていき、窓枠まであがる。	「ダメ」と言って、手を引いて降ろす。	窓枠を歩くが、降ろされた。
課題が、起きていない状況	自分の好きなCDを聞いていたり、ブロック遊びなどに集中している時は、高いところに行こうとしない。					

支援の考案	発達特性	・友達との遊びに入れず、一人遊びになる。（対人関係の弱さ） ・高い場所が元々好きであり、遊びの種類も限られているために、遊びに退屈するとついつい高い場所にのぼって楽しもうとするのではないかと考えられる。窓枠が危険であるという意識はないようである。（想像性の弱さ⇒危険に無頓着・興味関心の狭さ⇒パターン化した遊び）
	活用できる資源	・想像性の弱さを考慮すると、環境設定がしやすくある程度継続的に場面設定を残しておきやすいことから、教室内での遊び場面に、本児の好きな高い場所を大型ブロックで最初から設定しておく。 ・対人関係の弱さから考えると、声かけだけでは気づきにくいと思われるために、本児の好きなキャラクターが使っている「××光線」の「×」を利用して、「危険なこと」を視覚的に自分で気づけるための手がかりとする。
	支援の工夫	・高い場所にのぼる楽しみ以外に、好きな音楽やブロック遊びに注意を向けたり、三輪車など興味を持ちだした楽しい遊びに誘う。 ・今までは、窓枠に上がってしまった後に「ダメ」と言葉で指示をして、手を引いて降ろしていた。しかし、本児には「ダメ」の意味は理解されず、無理やり手を引かれて降ろされていることから「ダメ」の声かけは有効な手立てとはいえないと考えます。そこで、高い大型ブロックには「○」の表示を貼り、窓枠にはのぼれないように物を置いたりして邪魔をし、その上窓枠には「×」の表示を貼っておく。 ・遊びの最初に「○」の場所で遊ぶことを教える。それでも窓枠にあがろうとした時は、止めて「×」を示して「○○キャラクターの××光線がくるよ～」と声かけしながら本児の興味のある遊びへ連れて行く。

具体的な目標	いつ・何をしている時	どこで	だれと	どのようにして	保育者は、どのようにかかわるか
遊び場では「○」の表示で遊び、「×」の表示にはのぼらない。	好きな遊びが終わり、ウロウロしていて	教室で	一人で	椅子、机の上にだんだんとのぼっていき、窓枠までの途中で	「×」を示し、「○○キャラクターの××光線がくるよ～」と声かけして他の遊びへ連れて行く。

事例3－1　高いところが好きでのぼってしまう（21ポイント）

個別支援・記録シート

(子ども名前)□□　□□				(園・組名)××保育所　○△　くみ			(担当者)○□×子	
記録／日付	月　○／○	火　○／○	水　○／○	木　○／○	金　○／○	土　○／○	日　○／○
できた＝○ 少しできた＝△ できなかった＝N コメント	N＝遊び場の高い場所には、喜んでのぼるが、窓枠にものぼろうとする。止めるとパニックになった。	N＝昨日と同様に、窓枠にのぼろうとするので、「×」を示して「○」に移動させるが、パニックになる。	N＝昨日と同様に、窓枠にあがろうとするので、「×」を示して「○」へ移動させるが、少し怒る程度であった。	△＝窓枠にあがろうとするが、「×」を見せると自分から「○」へ移動できた。	△＝窓枠にあがろうとするが、「×」を見せると自分から「○」へ移動できた。		
記録／日付	月　○／○	火　○／○	水　○／○	木　○／○	金　○／○	土　○／○	日　○／○
できた＝○ 少しできた＝△ できなかった＝N コメント	N＝窓枠にあがろうとするので、「×」を示して「○」へ移動させるが、パニックになる。	△＝窓枠にあがろうとするが、「×」を見せると自分から「○」へ移動できた。	○＝初めて窓枠にあがろうとせず、「○」で遊んだ。	△＝窓枠にあがろうとするが、「×」を見せると自分から「○」へ移動できた。	△＝窓枠にあがろうとするが、「×」を見せると自分から「○」へ移動できた。		
記録／日付	月　○／○	火　○／○	水　○／○	木　○／○	金　○／○	土　○／○	日　○／○
できた＝○ 少しできた＝△ できなかった＝N コメント	△＝窓枠にあがろうとするが、「×」を見せると自分から「○」へ移動できた。	○＝窓枠にあがろうとせず、「○」で遊んだ。					
記録／日付	月　○／○	火　○／○	水　○／○	木　○／○	金　○／○	土　○／○	日　○／○
できた＝○ 少しできた＝△ できなかった＝N							

事例3-2　トイレに入る時に順番を守れず勝手に入る（25ポイント）

個別支援シート
〇〇年〇〇月〇〇日現在

(名前) △△　△△	(性別) 男	(年齢) 3歳　5月	(生年月日) 〇〇年　□月　□日
(所属名) 〇〇保育所	(組名) △〇　くみ		(作成者) ×〇　□子

全般的な様子	身辺自立（身だしなみ・食事・排泄・着替え・掃除）、コミュニケーション（言語理解・表出）、集団参加・対人関係、自己コントロール、移動　等の全体的な様子について、記入する。 ・保育者が声をかけたり補助したりすると身の回りのことをしようとする。 ・友達が話していることを繰り返して話す。 ・保育者が話していることは理解している。友達とかかわろうとするものの、自分の思いを表現できず、トラブルになることが多い。
気になること	・クラス全体に向けての声かけに対して、他の場所に行ったり、それまでしていた遊びを続けたりする。 ・長い間座って待つことが難しい。自分の思いを言葉に表せない。 ・何かしていても、他のことに興味が移ってしまう。 ・床のタイルの線に沿って歩く

子どもの個性	好きなこと 得意なこと	・外で遊ぶこと。保育者とかかわること。歌を歌うこと。
	嫌いなこと 苦手なこと	・ずっと座っていること。待っていること。 ・活動ごとの切り替えがなかなかできない。

担任の思い	保護者の願い	どのように接していけばよいかわからないので、教えてほしい。
	改善してほしい不適切な言動 できるようになってほしいこと	・荷物の片付けをスムーズにできるようにする。 ・自分の思いを友達に伝えられるようにする。 ・クラス全体で集まる時に、一緒に座れるようにする。 ・順番を守れるようにする。 ・次の活動にスムーズに移れるようにする。

支援を必要とする課題	トイレに行くように声かけすると、友達が並んでいても勝手に先に入ってしまう。
本人の思い	早く次のことがしたい。

課題の分析	いつ・何をしている時	どこで	だれと	どのようにして	保育者は、どのようにかかわったか	どうなったか
課題が起こっている状況	みんながトイレの順番を待っている時	トイレの入り口	友達と一緒	並んでいる子に構わず、トイレに入ろうとする。	先に入ろうとするのを止めて、「順番に並んで」と話す。	制止を聞かずに入ってしまう。
課題が、起きていない状況	自分がしている遊びが止められず、先生の「トイレに行こうね」の言葉かけが耳に入っていない時は、なかなかトイレに入らず、最後になる。					

支援の考案	発達特性	・本児は先生の声かけでトイレに行こうとするが、友達が並んでいても関係なくトイレに入ろうとする。並んで待っていても、常にウロウロしてしまい順番を意識することが難しい。注意散漫になり、遊びが次々と変わる。(衝動性、多動性、不注意)
	活用できる資源	・並んで待つ場所を明確にするために、ロッカーの前に並ぶようにする。 ・一人一人の位置を明確にするために、テープで一人分の四角のマスを書き、目印とする。
	支援の工夫	本児は、順番に待つことが理解されていないために、友達からは横入りをしたと思われトラブルになっていたと考えられる。順番に待つことを四角のマス目で床に表示し、1つずつ進んでいくことを矢印で視覚化することで、注意を喚起し、手がかりとする。最初は、先生が手本となってモデルを示し、2人で待つことから4人、5人でも待つことができるように、集中的に見守る。

具体的な目標	いつ・何をしている時	どこで	だれと	どのようにして	保育者は、どのようにかかわるか
トイレに入る時、順番が守れる。	みんながトイレの順番を待っている時	トイレの入り口	友達と一緒	四角のマスの中で待つ	そばで手をつないで一緒に待つ。だんだんと一人で待てるように、手をはなしていく。

事例3－2　トイレに入る時に順番を守れず勝手に入る（25ポイント）

個別支援・記録シート

(子ども名前) △△　△△					(園・組名) ○○保育所　△○　くみ		(担当者) ×○　□子	
記録／日付	月 ○/○	火 ○/○	水 ○/○	木 ○/○	金 ○/○	土 ○/○	日 ○/○
できた＝○ 少しできた＝△ できなかった＝N コメント					△＝先生と手をつなぐ。トイレの四角のマスが真新しくて興味がわいてくるようだ。			
記録／日付	月 ○/○	火 ○/○	水 ○/○	木 ○/○	金 ○/○	土 ○/○	日 ○/○
できた＝○ 少しできた＝△ できなかった＝N コメント	△＝休み明けでも先生と一緒なら、マスの中でちゃんと立てていた。	△＝昨日同様待っているが、たまにふらふらと歩くことがあった。	○＝先生がそばにいれば、手をはなしても待っていた。	△＝脱線する時もあるが、言葉かけをすると守れていた。	△＝少しふらふらと歩いていくことがあったが、元に戻って待てた。		
記録／日付	月 ○/○	火 ○/○	水 ○/○	木 ○/○	金 ○/○	土 ○/○	日 ○/○
できた＝○ 少しできた＝△ できなかった＝N コメント	△＝言葉かけをすると待つことができた。	○＝並んで待つことができた。	△＝言葉かけをすると待つことができた。	○＝順番に待つことが分かってきたのか、ちゃんと待っている。	○＝ふらふらせずに待つことができた。		
記録／日付	月 ○/○	火 ○/○	水 ○/○	木 ○/○	金 ○/○	土 ○/○	日 ○/○
できた＝○ 少しできた＝△ できなかった＝N							

第4章 支援のあり方の再検討
―「範例中の典型」についての考察―

　支援のあり方について検討する前に、「支援」と同様によく使われる言葉に「指導」がありますが、まずその違いについて確認することから始めたいと思います。
　支援とは、「支え助けること、援助すること」であるが、指導とは、「目的に向かって教え導くこと」であるとされています（広辞苑 第6版、2008年）。この違いは非常に大きいものがあります。「指導」は、教える側の意図により、子どもをその意図に沿って操作することですが、逆に「支援」は、子どもの意図により、その子どもの意図の実現のために、支援者は側面から支え助ける役割であることがわかります。このことを前提として、支援のあり方について見直していきたいと思います。
　社会性の支援においては、前章で述べた「適時支援」「継続支援」「計画支援」のように困難の程度に応じた支援が重要と考えられます。このことを突き詰めて考えてみると、「段階的な支援」から、一人一人の子どもの困難の状態に応じて、余計な支援はせず「必要に応じた支援」をすることが最も重要なことではないかと考えるようになりました。そして、これらの支援の目的は、一人一人の子どもが仲間と共に自ら活動し、充実した遊びや生活ができることを目指すことであると考えます。したがって、ここでの支援は「自立へつながる支援」ということになります。しかしながらここで注意してほしいことは、保育者の主観による「自立させるための支援」ではなく、子ども自らが「自分でやりたい」という願いを実現するために、それを邪魔するような「過剰な支援」を取り払った、慎重な配慮のもとに行われる支援が「自立へつながる支援」であるということです。
　これらのことを整理するため、改めて「支援すること」の意味を見直すことが必要ではないかと考えました。

1．基本的な理念　―子どもをどのような存在と見るか―

　支援のあり方を検討するにあたり、子どもがどのような存在であるかについて、私自身の実践と貴重な出会いの中から心に残ったものを以下に取り上げて検討し、自分なりの基本的な考えとしてまとめたいと思います。

　最初に、知的障害児教育の大先輩である田村一二先生は、戦前から京都の小学校において障害児教育にたずさわれ、そして戦中・戦後も一貫して知的障害児の福祉の先頭に立ち、近江学園や一麦寮における実践をまとめ、知的障害のある子どもの存在意義を訴え続けました。そこからは、「差別」することは当然よくないことであるが、「差」と「別」に分けて考えると、人間一人一人の能力には「差」があって当たり前だが、人間としてみれば「別」はないと教えられました[26]。このことは、一人一人違いはあって当然であり、それを無理やり同じように対応することの無意味さを教えてくれているように思います。そして、一人一人の違いはあっても、人間としての願い「何でもできるようになりたい」「友達と遊びたい」などは、どの子も同じように願うことです。「人は、十人十色」（特性）といって「差」を認めるとともに、「みんな一緒」（願い）といって「願いは皆同じであり、別はない」ことを諭しているのではないかと考えます。

　次に、教育心理学者の伊藤隆二先生は、最初、子どもの知能研究において徹底した客観性を追究し、実験研究として取り組み成果を上げられました。しかしながらそのことに満足せず、生きた子どもの姿を求めて思索を練り、たどり着いたのが間主観性によるに事例研究という非常に主観的な取り組みでした。伊藤によると、子どもは1歳半頃になると歩行ができるようになり、自力で思い通りの場所に移動できるようになるが、このことは子どもにとって最高の喜びであり、それを存分に実行することは「自立」につながっていくと指摘しています。そして、K・ビューラーの「機能快」も同様なことであり、子どもはすべておのずから「自立」に向かっていく存在であると指摘しています[27]。また、伊藤は子どもを「主体的な存在」「独自的な存在」「創造的な存在」「変化する存在」「社会的な存在」「全体的な存在」と捉え、かけがえのない存在であるとも指摘しています[28]。

　次に、自閉症の療育システムで世界的にも評価の高いTEACCHプログラムでは、自閉症の特性をもとに支援を考えることを徹底し、視覚優位という自閉症の特性を

生かした支援として構造化の方法を見いだしました。そして、TEACCHプログラムでは、自閉症児を健常児にするのではなく自閉症という文化を尊重することが支援の要であると指摘しています。

最後に、日本において早くから学習障害をはじめとする発達障害に注目され、特殊教育から特別支援教育への大転換を推進された上野一彦先生は、「私たちの教え方で学べない子には、その子の学び方で教えよう」と述べ、個々の子どもの特性を基にした支援の重要性を指摘しています。

また、書籍からではありますが、私が大きな影響を受けた人として柳宗悦がいます。柳は、日本各地に昔から伝わる独自の日常雑器の美を見いだし、その価値を認識するために民芸の言葉を創作し、ひいては宗教思想においても同様に浄土真宗における「妙好人」の再評価などに思索を巡らせた思想家です。柳は、その思索の中から「多様性の価値」を強く主張するようになり、いろいろなものが交じり合って世界はできあがっているのに、一つにまとめることの不自然さを指摘しました。このことから、一人一人の違いには価値があり、違いをなくしてみな同じにしてしまっては価値がなくなると考えられます[29]。

以上のことから、本来、子どもは自らの願いの実現のために、大人の援助に頼らず努力を惜しまず取り組み、その実現を目指すものであると考えます。そこで、大人はその子どもの願いの実現のために、そっと見守りながら必要に応じて一人一人の違いを前提にした支援を実施し、常に子どもの願いの確認と支援の適切さを振り返りながら、一人の保育者と一人の子どもとの間で個別的にかかわっていくことが重要なことであると考えます。このことは、子どもの願いという「主観」と個々の特性という「客観」をもとに、支援を実施することになります。しかしながら今までの取り組みは、保育者の主観に偏りすぎて独善となったり、客観性を重視するあまり子どもを操作し過ぎていたように思います。

そこで、支援の新たな観点としては、「保育者の願い」と「子どもの願い」との間で、相互にやり取りすることにより「願い」の共有化を図り、保育者は子どもの特性を基にした支援を実施し、その実現に向けて共に努力していくことが重要なことと考えます。つまり、支援の一般化を目指すのではなく、一人一人の子どもの必要感に応じた支援を徹底することが求められているということです。伊藤は、このような実践の積み重ねの中から、「範例中の典型」[22]が見いだされてくると指摘しています。そこで、以下に私がかかわった事例の中から、「範例中の典型」に近いと思われる

ものを紹介したいと思います。

2．範例中の典型

　伊藤は「範例中の典型」について、「『特殊』は『例外』ではなく、『代表』なのである。それゆえに『範例中の典型』は一般の人を理解するうえできわめて有効であるばかりか、それがなくては正しい『人間理解』があり得ないのである。」(伊藤隆二『人間形成の臨床教育心理学研究』風間書房、1999年)と指摘し、客観的にみると、「特殊」は「例外」として排除すべき要素とみられますが、伊藤は「特殊」を「例外」とは捉えず、同様な状態を表すすべての「代表」とみることにより、「特殊な事例」が普遍性を持つことになると述べています。これから紹介する事例研究が、伊藤のいう「範例中の典型」に相当するものかどうかの判断は私にはできませんが、現段階において私が示し得る最高の例示であることに変わりはありません。以下に、第3章のやりとり支援で示した例「トイレでおしっこができない」(38ページ)について、子どもと保育者のやり取りを関連付けて再構成したものを紹介します。

(1) こだわり行動への支援

　こだわり行動は、本来、障害特性との関係から配慮すべきことです。むやみに「こだわりをなくす」ことを目指した指導では、かえって子どもを混乱に陥れてしまうことがよくあります。しかしながら、本児の「紙パンツの中にだけ、おしっこをする」というこだわりは、家庭生活・学校生活・社会生活を送っていく上で今後大きな支障が予想されます。例えば、我慢しすぎて失敗したり、我慢できないので学校や遠足に行かなくなって行動範囲が狭まることが考えられます。もっと困ることは、本児は自分のこだわり行動が恥ずかしいので隠そうとしていることであり、そのことが劣等感につながり自己肯定感を持ちにくくすることが問題になると考えられます。一方で恥ずかしさをもつことは、このこだわり行動を解消すれば本人にとって大きな自信となり、将来にわたって自己有用感を育てる土台となることが期待されます。自分のことは自分でできるようになりたいという自立心は、どの子にとっても本来備わっていることと考えられることから、このような成果は子ども自身にとっても大きな励みとなると考えられます。

　これらのことから、幼児期において生活上支障が大きいと思われる「こだわり行

動」は、本人の気持ちを汲みながら、本事例のような丁寧なかかわりによって対応することが重要と考えます。

（2）事例の実際

　本事例は、保育者の「トイレでおしっこができるようになってほしい」という願いから支援が始まったものです。本児は、年長クラスの2学期になっても、園はもちろん家庭でもトイレでおしっこをすることがなく、紙おむつの中にすることにこだわった生活を続けていました。しかしながら小学生になっても学校でトイレに行かず、自宅に帰るまで我慢して自宅で紙おむつにするというのは不可能と思われました。それでも紙おむつにすることにこだわれば、学校を早退したりしてだんだんと不登校になってしまわないかと心配されました。そこで保育者は、卒園するまでには、なんとかトイレでおしっこができるようにさせたいと考えました。

　最初に、本児だけ特別にトイレ指導として取り上げるのではなく、クラス全員への声かけをして本児がトイレに入りやすくする環境作りから始めたことが、抵抗感を和らげるとともに皆と一緒に行動できたというプライドを尊重し、導入として成功したのではないかと考えます。また、今までトイレに全く入れなかった本児が、トイレに入り手を洗って出てきたことを保育者が見逃さずにしっかり認めたことで、本児は一層自信をもってトイレに入れるようになったのではないかと思います。この時、保育者の思いだけで、トイレに入っても手を洗っただけで出てきた本児に対して、便器の前に行くように勧めたり、おしっこをするように強く求めたりしたのでは、本児はかえって萎縮してしまったのではないかと考えられます。

　この保育者は、本児は「トイレに入るのは手を洗うためと自分を納得させているようである」と分析しています。このように子どもの思いを汲みとり、また、思いに同感することで、その努力に気づき、自然に褒めることができたのではないかと考えます。このようなかかわりこそが、伊藤のいう間主観性によるかかわりと呼べるものではないでしょうか。

　次に、保育者は本人の高い知的能力をもとに、「長時間、排泄をがまんしていると体によくない」ことを理解させるため、絵本で体の仕組みを説明し、排泄することの必要性を伝えました。しかし、絵本は興味をもってよく見ているものの、排泄行動には結びつかないことに気づきました。そこで、トイレで手を洗うことはできていることから、便器を洗うためにボタンを押して水を流す行動はできやすいので

はないかと考えました。つまり、便器の前に立っておしっこをすることを、水を流して便器をきれいにすることに置き換えれば、「トイレでおしっこをしない」という気持ちはそのままに、行動を変えることができるのではないかと考えました。

　保育者が本児に対して、「水を流してないから、流してくれる？」と声かけすると、ボタンを押して水を流せました。本児は大変驚いた様子でしたが、保育者が「流してくれてありがとう。便器の前にも立てたね」といい、「お礼」と「できなかったことができたこと」を言葉で伝えるとうれしそうな表情になりました。「便器の前に立つ ＝ 排泄しなければならない」と思い込んでいたが、「便器の前に立つ」ことは「排泄すること」とは無関係であると体験を通して理解されたと思われます。

　この取り組みは、保育者の見立てが最初は外れてしまいましたが、そのことに早く気づき、次の新たな取り組みに切り替えたことが、本児の気持ちを汲むうえで有効に働いたと考えられます。特に、本児が身に付けている行動とよく似た行動を取り上げ、本児の「トイレでおしっこをしない」という気持ちはそのままに、行動を少し変化させたことは、抵抗感を少なくすることにつながったと思います。

　以後は、抵抗なく水を流すようになり、スリッパを並べるなどトイレ掃除へとつながっていきました。しかしながら、本児の気持ちがトイレ掃除に移ってしまい、排泄するという気持ちが薄らいできたように感じられました。そこで保育者は、園行事の機会をトイレ掃除から排泄へと切り替えるためのきっかけにしようと考えました。

　保育者は、クラス全員に対して、園行事のために園外に長時間出かけるのでトイレに行くようにと話した後、本児に対して、先生は一緒に行けないのでトイレで困っても助けてあげられないことを伝えました。本児は聞いていない振りをしていましたが、友達がトイレから帰ってきだすと不安そうな表情になりました。保育者は、以前母親から聞いた話の中から、一度だけ病院で検尿の際に、自分で紙コップにおしっこをしたことを思い出し、友達がいない職員トイレで、紙コップを使ったらおしっこが出るかもしれないと考え本児を誘ってみました。すると、紙コップを持って職員トイレの中に入ることができましたが、なかなかおしっこが出ない様子でした。「これで絶対大丈夫。ゆっくり待ってあげるからね」と励ましていると、本児は紙コップにおしっこをすることができ始めました。その時、保育者はおしっこが出ている途中で紙コップをそっとはずしてあげました。すると、本児はそのまま便器におしっこをすることになりました。本児は驚いて保育者を叩いてしまいました

が、「すごいね」としっかり褒めました。

(3) 事例の考察

この取り組みでは、まず、きっかけとして園行事というイベントを取り上げました。園行事が一つの節目となり、新たな取り組みの動機付けとなったのではないかと考えます。この時も全員に対する説明から始め、本児だけの特別なかかわりではないことを意識付け、本児のプライドに配慮していることがうかがえます。そして、どうしてもトイレで排泄しなければならない理由を説明し、本児の意識に必要感をもたせました。

次に重要なことは、母親の情報から、今までで唯一排泄できたこととして紙コップでできたことを応用したことです。そして、ここでもまた、本児のプライドに配慮して友達が来ない職員トイレでゆっくりとする時間を確保したことが、本児に安心感をもたせたと考えます。さらに、保育者の励ましによって、本児は紙コップにおしっこをすることがでました。普通であれば、ここまでできれば大変な進歩として止めてしまうことが多いのですが、保育者は、続いて紙コップをはずす試みを行いました。結果、紙コップがなくてもおしっこを便器にすることができ、大成功でしたが、ひとつ間違えば、紙コップがなくなったとたんにおしっこを止めてしまい、逆に失敗したと感じてしまう恐れもありました。ここで最も重要と思われることは、保育者が本児の様子を見極め、紙コップをはずしても大丈夫と判断したことです。この判断ができるためには、それまでの流れの中で、本児とのやり取りが本当の意味で間主観性によったものでなければならないことを強く感じました。

(4) 本児のその後

このことがきっかけとなり、園でも家庭でも少しずつトイレでおしっこをするようになり、園外に出た時もできるようになりました。また、本児には偏食があり、給食時になかなか食べられないものが多くありましたが、少しずつ無理のない範囲で食べる量と種類を増やしていった結果、大体のものは食べられるようになりました。本児は現在、小学校に入学し学校生活を楽しんでいますが、トイレや給食で困ることは全くなくなったそうです。

本事例の取り組みは、保育者の思いで子どものこだわり行動を修正しただけというものではなく、本児自身が苦手なことにチャレンジし、本児自身の努力の結果、

苦手なことを乗り越えることができました。さまざまな苦手なことに対して前向きに取り組めるようになったことは、一つの行動変容だけにとどまらず、その子の今後の人生を大きく変えるものであることから、「範例中の典型」といえるものであると考えました。

（5）本事例から導き出された観点

本事例からは、支援のあり方について以下の8つの観点を見いだすことができます。

① 本児だけを特別扱いすることなく、クラス全員に対して声かけすることで、本児のプライドを尊重し、その上で他児にわからないように本児に対して個別的に働きかけること。
② 以前の行動と比べて少しでも変化したことは、大きな進歩であることを認め、評価していることを本児に言葉で伝えること。
③ 本児の気持ちを変えるのではなく、行動を変えるように励ますこと。
④ タイミングを逃さず、次のステップへ進める見極め。
⑤ 保護者や他の情報を支援に生かすこと。
⑥ 今まで、目標とする行動ができた場面や様子を探し支援の中に生かすこと。
⑦ 特別な場の設定により、周りの目から本児を遮断し、本児が安心して集中できる環境を作ること。
⑧ 最後は、本児と保育者の関係の中から判断し、ひと押しすること。

これら8つの観点は、本事例の子どもだけでなく、ほかの子どもたちの支援の中にも十分生かせるものと考えられます。①②は自尊感情の低下を防ぎ、自己有能感を育成する観点からその重要性が指摘されていることと同様なものと考えられます。⑤は、個別の指導計画において実態把握として記述されることの多い内容ですが、なかなか生かし切れていなかったのではないでしょうか。

③④⑥⑦⑧については、これまで指摘されてきたものもありますが、その重要性を本事例のように取り上げたものは少なかったように思います。例えば③は、保育者がよく陥りやすいことですが、子どもが高い台にのぼれない時に、励ましのつもりで「怖くない、怖くない」と声かけするよりも、「手すりを持ち、片足ずつ台に

乗せて」のように具体的な行動の仕方を教えるほうが、子どもにとって取り組みやすい声かけとなります。

　④のタイミングも、これまであまり指摘されてこなかった観点ではないでしょうか。支援の開始や切り替えのタイミングは、子どもにとって非常に重要なものと考えられます。「なぜ、始めなければならないのか」「なぜ、やり方を変えなければならないのか」など、子どもが納得するためには理由が必要です。その理由でもっとも重要なものは、今までの生活が変わる時だと考えます。その顕著な例が行事ではないでしょうか。本事例のように、行事に参加するという今までの生活の流れとは違うことが始まるという意識をもちやすいタイミングで、新たな取り組みを始めることは、子どもにとっても受け入れやすいことと考えます。このような支援におけるタイミングという観点は、これまで考えられていた以上に重要なことだと思います。

　⑥の観点も、これまであまり考慮されることがなかったのではないでしょうか。「できないことをできるようにする」ために支援目標があり、できないことが前提として想定されていたことから、支援目標ができていた場面を探すという意識はもちにくかったと思います。しかし、本事例のように、場面や人が変わればできていたり、以前はできていたことが見つかるかもしれません。たとえ見つからなくても、よく似た行動であればできている場面を探し出すことができるかもしれません。そして、「なぜ、うまくいっていたのか」の原因を考え、支援の中に生かす工夫が求められます。

　⑦の環境づくりについては、従来からも配慮が必要なことは理解されていましたが、改めて認識し直すことが重要だと思います。

　⑧は、本事例研究において最も重要なものであり、間主観性によるかかわりの質が問われる場面でもあります。このようなかかわりは、母子関係において愛着行動として取り上げられる基本的信頼関係と同様のことと思われ、この信頼関係の上に立って、初めて子どもに安心感が湧き、保育者の「ひと押し」という生きた支援により、子どもに意欲が湧き立ち、挑戦してみようという気持ちが出現してくるのではないかと考えます。

　以上の観点は、本事例にのみ当てはまるということではなく、どの子の支援においても重要なものとなるのではないかと考え、「範例中の典型」と考えました。

3．今までの「範例中の典型」から

　前節で紹介した事例以外にも、これまでの指導経験と巡回相談における支援のアドバイスの中で、「範例中の典型」として見いだされたものがいくつかあります。以下に、他の「範例中の典型」から抽出した重要と思われる観点を取り上げます。

（1）自己選択から自発性、自主性、そして自己有用感へ
　保育者から指示されるばかりでは、たとえ子どもがその保育者に支援されている状況だったとしても、それをなかなか受け入れられないということがよくみられます。このことは自立の裏返しになっていると思われ、指示ばかりされることで、かえってやる気をなくしてしまうこともあるようです。
　このような時は、子どもに「どの活動をするか」「何で遊ぶか」などを選ばせることで、自分で選んだという自発性を養い、併せて自分で決めたという自主性を育て、ひいては自己責任により積極的に取り組むことがみられるようになります。選択した結果、満足できるものであれば子どもは自分に自信をもち、自己有用感を高めることができるのではないかと考えます。逆に、選択してもうまくいかなかった場合は、なぜうまくいかなかったかを自分で考えるようになり、今度こそはうまくやろうと考え、より積極的に取り組もうとするのではないでしょうか。

（2）保育者の変容が求められる
　保育者が出す指示は、ややもすると「片付けをしなかったら、おやつはありませんよ」のように、「〜しなかったら、〜はありませんよ」という二重否定の指示になりがちです。この言葉を聞いた「気になる子」は、よく混乱して怒り出します。どうしていいかわからないために、怒り出すのではないかと思われます。その証拠に、「片付けをしたら、おやつにしますよ」と肯定形の指示にすれば、怒り出すことはなくなります。このことは、単純な指示の出し方の変更ですが、日ごろから肯定形の指示の出し方に慣れていない保育者は、なかなか実行できないものです。
　一人の「気になる子」に対して、同じ活動場面で肯定形の指示を繰り返し出すことで、保育者自身が変容してスムーズな肯定形の指示が出せるようになり、子どもの変容が始まるという事例がありました。このことから、子どもの行動変化を望む

なら、まず保育者の変容から始めることが重要なのではないかと考えるようになりました。

（3）書いて残す

　指示を書いて残すことは、短期記憶の弱い子どもに有効だといわれます。確かに、そのような効果があることは事実ですが、書いて残すことには、記憶を補うためだけに限らずもっと別の意味があると考えます。それは、保育者に言葉で指示されるのではなく、書かれたものを自ら読んで理解し、実行することで自発性や自主性を感じることができるからです。言葉だけの指示では、子どもが忘れてしまった時、また聞かなければならなくなります。そうすると保育者は、また言葉で説明しなくてはならなくなり、イライラして腹立たしくなり、ついつい言葉がきつくなりがちとなり、子どもは叱られたと感じてしまうでしょう。書いて残しておけば、子どもはそれを自分で確認できるので、そのような悪循環を防ぐことができ、子ども自身の自己有用感を傷つけられることもなくなります。

4．子どもの願いと客観的事実をもとにした間主観性による事例研究

　私は、以上のことから、支援は、事例研究によらなければならないと考えます。
　まず、子どもの「願い」と「特性」は一人一人異なり、個別的なかかわりが強く求められるため事例研究によるしかないことは明らかです。そして、その方法は定型化できるものではなく、一人の保育者と一人の子どもとのかかわりの中において編み出されていくものであり、一定の形式はなく、一つの例示としては前章で紹介した「やりとり支援」が基本になると考えます。しかしながら「やりとり支援」の過程において、保育者と子どもの主観のぶつかり合いから、保育者が譲歩したり、子どもの新たな課題に目を奪われて支援課題が変わってしまっては、かえって混乱を招いてしまいます。そのような混乱を防ぐためには、本児の実態を客観的に把握して、発達障害の特性から見直し、困難の要因を推測し、はっきりとした改善目標を立て、そこから譲歩しないことが非常に重要と考えます。その時、支援者側に求められる心構えとして、伊藤は「共感性」「洞察性」「直観性」を徹底的に追及していくことが重要と指摘しています。
　しかしながら、この「共感性」「洞察性」「直観性」自体は非常に主観的な概念で

あることから、慎重に自己の取り組みを自省し、常に独善に陥ることを避ける努力の中から体得されるものではないかと考えます。

また、「範例中の典型」から普遍性のある観点が抽出できることは、事例研究の結果であり、目的ではないことを肝に銘じておくことが必要です。いずれにせよ、このアプローチが子どもにとって有用なものであるためには、個別の実践を積み重ねていく過程で、子どもの中に着実な変化の実感と客観的な変容が見て取れなければならないと考えます。

そして、「子どもの願いと客観的事実（特性）をもとにした間主観性による事例研究」の「研究」は、いわゆる一般化をめざす研究ではなく、その子に対して行う保育者の支援が子どもの願いと特性にそったものとするために、全く新たに創意工夫していくという意味をもちます。

【参考文献】
26）田村一二（1980）ぜんざいには塩がいる、柏樹社
27）伊藤隆二（2002）続人間形成の臨床教育心理学研究、風間書房
28）伊藤隆二（1999）人間形成の臨床教育心理学研究、風間書房
29）中見真理（2003）柳宗悦 時代と思想、東京大学出版会

第5章 保育所・幼稚園・こども園の集団生活の中で社会性を育成する意義
― 新たな人間関係構築への支援 ―

　保育所・幼稚園・こども園における保育は、保育所保育指針や幼稚園教育要領等に沿って組織され、子どもたちに提供されます。私は保育の専門家ではありませんが、保育における社会性とはどのようなものであってほしいかを、特別支援教育の立場から述べていきたいと思います。

1．集団生活の第一歩を踏み出す最も適切な場

　子どもは、誕生直後から保護者の庇護のもとに成長発達していきます。その過程では、子どもと保護者の関係は唯一無二の一体感から出発し、少しずつお互いの存在を意識していくものです。そして、家庭内では、親子以外に祖父母や兄弟姉妹の存在により少しずつ対人関係が広がっていき、社会性の基盤を養っていきますが、あくまで親子関係が中心の生活です。

　このような子どもが保育所・幼稚園・こども園に入り、見ず知らずの大人（保育者）やたくさんの同世代の子どもたちの中で生活していくことになります。初めての子どもにとって、大混乱が起きても不思議ではありません。実際、大泣きして親から離れない子どもはたくさんいます。保育者は、このことを当然のこととして受け止め、保育を始めていきます。私は、家庭外の組織的な集団としての保育所・幼稚園・こども園に入ること自体が社会性の育成を開始したことになると考えます。

　子どもの社会性の育成にとって第一に重要なことは、保育者と子どもとの間で「基本的な信頼関係」を築くことだと考えます。子どもは、最初に親代わりとしての大人、即ち「私だけの保育者」との対人関係を築くという社会性を身に付けていきます。そして、この関係がしっかりできた後に、友達との関係づくりという社会性を

身に付けようとするようになります。

　保育者は、子どもたち個々の実情に応じたかかわりを通して、社会性を少しずつ具体的な形で、繰り返しながら身に付けさせようとしていると思います。その過程で、保育者が意図したように子どもに伝わらず、保育者自身が戸惑い困惑するようなことが出てくるようになり、そういった子どもが「気になる子」として認識されるようになったのではないかと考えます。「気になる子」のすべてに発達障害の傾向があるわけではありませんが、今まで述べてきたように、社会性に何らかの課題があるとみるならば、保育者が行ってきた日ごろの保育の上に、発達障害の「社会性の障害」を想定した支援を実施することは意義あることと考えます。

　子どもの成長発達において、幼児期に適切な社会性を身に付けることは、将来にわたって非常に重要なことです。家族以外で初めて濃密なかかわりをもつ大人である保育者との信頼関係がうまく結べない子どもは、我を通そうとしたり、逆に引っ込み思案になったりして、友達関係づくりに支障をきたしてしまいがちになることが予想されます。そして、将来の対人関係を含む社会参加においても、非行やひきこもりなどの困難なことに遭遇することが心配されます。これらのことから、幼児期において集団生活を営む場は、将来にわたって子どもの生活の基盤となるものであり、かけがえのない環境であるといえます。この基盤をもとにして子どもたちは、小・中学校以降の学校生活において、自ら人間関係づくりを発展させていき、「仲間」や「親友」と呼べる相手を見つけていくものと考えます。ゆえに学校生活においては、新たに人間関係づくりを意識した指導・支援よりも、友達関係でトラブルが起きた時の対応が主となり、一人一人の社会性は自ら身に付けていくものと考えられているのではないでしょうか。

　このように、保育所・幼稚園・こども園の重要な役割は、子どもたちに対して家庭以外の新たな人間関係を構築し、その過程において個々の子どもに応じた社会性を身に付けさせることと考えます。

2．社会性の育成の場として最適な場

　各種専門機関では、社会性の困難をもった子どものために、個別的な支援や小集団の療育などを実施し、その改善を図っています。そこは、子どもたちにとって日常の生活と異なり、人間関係も特別な関係の中で、個々の子どもの改善を目指した

指導・支援が行われる場所です。その結果、多くの改善が認められるようになりますが、その効果は限定的なことが多く、専門機関ではできても保育所・幼稚園・こども園ではうまくいかないということもあります。それは、特別な環境で、特別な相手とであればできることであっても、日々の生活の中では刺激も多く、特に社会性の困難という相手の対応に依存する部分が多い場合、相手の対応が少しでも変われば混乱してしまい、うまくいかなくなるのではなかと考えます。

　一方、保育所・幼稚園・こども園においても、日々の保育活動を通して子どもに社会性を身に付けさせようと努力しています。しかしながら個々の子どもを見ると、社会性を自然と身に付けられる子や、なかなか身に付けることが難しく困難を抱える子、トラブルになりやすい子などさまざまです。「気になる子」や「診断等のある子」だけでなく、「健常な子」といわれている子どもの中にも社会性の支援が必要な子が存在し、すべての子どもに社会性の育成が必要とされています。そして、専門機関で特別な支援を受けている子どもも、そうでない子どもも共に生活している保育所・幼稚園・こども園では、より実際的・応用的に、そしてより濃密な支援を行うことが可能であり、その効果はすぐに日常生活の中に生かしていけるものと考えられます。

　以上のことから保育所・幼稚園・こども園において、社会性の育成を個々の子どもの実情に合わせながら支援することができれば、その成果は非常に大きいことが予想され、社会性の育成の場としては最適な場所であると思われます。したがって一人一人の保育者が、今まで以上に保育における社会性の育成を心がけ、その具体的な方法を身に付けることが求められると考えます。

　例えば、最近の発達心理学や発達認知神経科学の研究によると、乳幼児は、「社交的な乳幼児」[30]とでも呼べるように、生後２ヶ月児くらいになると社会的随伴性により母子間の思いの理解が始まり、６ヶ月頃になると他者の行動が目標指向的であることを理解し、行為よりも目標を探ったりし始め、９〜12ヶ月になると、三項関係により共同注意や指さしなどから他者の意図が理解できるようになることがわかってきました。保育においては、子どもと保育者との信頼関係を作り上げていく上で、これらのことに配慮しながらかかわっていくことで、より共感的なかかわりが可能になると考えます。

　一方、発達障害児の社会性に関する最近の研究からも、さまざまな手がかりとなるものが見いだされています。例えば、模倣のしにくさや視線の合わなさなどから、

社会脳の自発性の弱さが仮説され、その原因として社会的な情報を選択的に学習するほどの「目立つもの」として認識されていないことが推測されています[31]。このことから社会的なかかわりを行う際には、その子にとっていかに「目立つもの」として提示できるかどうかに、その成果がかかっていると考えられます。

　また、「気になる子」の気づきに関しては、国立障害者リハビリテーションセンターの発達障害情報・支援センターのホームページ（http://www.rehab.go.jp/ddis/）にさまざまな情報が掲載されています。そこでの気づきのポイントを私なりに整理すると、以下のようにまとめることができます。

1歳6ヶ月児	視線が合わない。名前を呼んでも振り向かない。周りの人の真似をしない。バイバイができない。指さしをしない。
2歳児	保護者の怒った顔や笑った顔にあまり反応しない。よく迷子になる。
3歳児	自分の名前が言えない。会話が成立しない。周囲に興味がない。
保育所等における気づきのポイント	1）人との関わり方 　・一人遊びが多い。一方的でやり取りがしにくい。等 2）コミュニケーション 　・おしゃべりだが、大人の指示が伝わりにくい。等 3）イマジネーション・想像性 　・相手にとって失礼なことや相手が傷つくことを言ってしまう。等 4）注意・集中 　・一つのことに没頭すると話しかけても聞いていない。集中力がない。等 5）感覚 　・ざわざわした音に敏感で耳をふさぐ。同じ洋服でないとダメ。極端な偏食。等 6）運動 　・身体がクニャクニャしていることが多い。極端に不器用。等 7）学習 　・難しい漢字を読むことができる一方で、簡単なひらがなが書けない。等 8）情緒・感情 　・極端な怖がり。一度感情が高まると、なかなか興奮がおさまらない。等

3．保護者支援としても最適の場

　保育者が、保護者に対して育児相談に乗り支援していくことは、子どもを直接支援することと同様に重要なこととされています（保育所保育指針、幼稚園教育要領）。

　しかしながら、保育所・幼稚園・こども園での保護者支援は、それ以外にも重要な機能があります。それは、保護者同士の相互支援とも呼べるものです。保護者同士が自分の子育て経験から、相互にアドバイスしたり新しい情報を共有したりすることにより、ちょっとした不安感の解消に役立つことが多いのではないでしょうか。このことは、非常に重要なことだと考えます。一人の保護者だけでは、子育てに関する問題の解消ができず、煮詰まってしまい保護者がイライラしてしまうことはよくあることです。こんな時にこそ、身近な保護者が相談相手となり、気軽に相談でき、同じ目線で継続的に交流できる相手がいるということは、非常に重要なことであると考えます。このような保護者同士の関係は、保育者と保護者との関係とは違い、別の視点を相手に提供できるよい機会だと思います。そのためには、保育所・幼稚園・こども園は、保護者同士が交われる時間と場を意識的に提供するが、介入はしないというスタンスが大事なことと思われます。保護者が安心感をもって子育てにかかわれるようになると、子どもも落ち着けるようになり「気になる行動」も減少するなどの効果も出てくると思われます。

【参考文献】
30）森口佑介（2014）おさなごころを科学する、新曜社
31）千住淳（2012）社会脳の発達、東京大学出版会

終章 幼児期における支援の今後の課題
― 新たな支援の経過シートの提案 ―

1. 新たなかかわり方を探る ―やりとり支援の経過シート（試案）

　本書は、「保育者が『気になる子』を見いだしその子に応じた支援を実施するために、新たな視点をもとにした見取りと支援について提案する」ことを目的に、「気になる子」を「社会性の課題のある子」として捉え、チェックリストの結果により「ちょこっと支援」「やりとり支援」「じっくり支援」などの支援方法を提案しました。そして、支援の見直しから新たなかかわり方として「間主観性によるかかわり」をもとに、客観的な資料も加味しながら保育していくスタイルを例示しました。そして最後に、保育所・幼稚園・こども園における社会性の育成の意義について述べました。

　しかしながら、特に重要な、新たなかかわり方のスタイルが明確ではなく、まだまだ手探りの状態です。今後は、伊藤のいう間主観性に基づいたかかわり方について一層研究していき、併せてヴァスデヴィ・レディのいう「二人称的アプローチ」[32]についても検討していきたいと考えています。また、保育における社会性の育成のための新たな方法については、最新の発達科学などの知見をもとに検討していく必要があります。

　そこで、表3で示した「支援の経過シート」をもとに新たな視点を取り込み、試案として作成したもの（巻末資料4）を提案し、今後の支援の手がかりとしたいと思います。

　「困難の現状」欄では、困難の現状把握のために、「いつ・どこで・どんなことで・だれと」などの観点から分析し「その結果、子どもはどうなったか」を知ることで、困難の要因を絞り込む手がかりとします。そして、困難に対する今までの保育者の

対応と、その結果どうなったかを知ることで、保育者の対応の問題点を明らかにしたいと考えます。

次に、「支援の手がかり」欄は、本人の弱みなどばかりではなく、強みや得意なことなども取り上げ、動機づけを高めていきたいと考えます。

また、「課題」として取り上げられることは、本児にとっては現状では困難なことであるのは当然ですが、時間や場面、相手などが変われば少しはできていることが見つけられるものです。そのような「できている状況を見つけだす」ことで、支援のヒントを発見する可能性が生まれてきます。

以上のような項目について把握することで、最初の支援の手だてが導きだされてくるのではないかと考えます。

下の欄には、日付に応じて、保育者のかかわりと本児と友達の様子を記録していき、支援の効果を探っていくために活用してほしいと思います。

2．保護者との連携のあり方

保護者との連携は、保育者にとっては子どもの支援と同様に重要なものであることは前章で述べましたが、本書では具体的方法を詳しく取り上げていません。保護者と担任の連携においては、「気になる子」に関してよくトラブルになることが指摘されています。しかし、本書では、その解決方法を十分に検討することができませんでした。手がかりとしては、支援を実行する過程で、「その経過を保護者と共有し、共通認識を深める」ことが、今後の支援につながると考えます。今後は、事例を積み重ねていく過程で、保護者との連携のあり方も提案していきたいと考えています。

【参考文献】

32）Vasudevi Reddy (2008) How infants know minds. Cambridge, MA: Harvard University Press. 佐伯胖訳（2015）驚くべき乳幼児の心の世界－二人称的アプローチから見えてくること－、ミネルヴァ書房

資料編

- 幼児用社会性チェックリスト
- 個別支援シート
- 個別支援・記録シート
- やりとり支援シート（試案）

資料1　幼児用社会性チェックリスト

項目	かなりできる	わりにできる	あまりできない	すこしもできない
（1）みんなの物はきまりを守って使うことができる。	3	2	1	0
（2）決まった場面では、自分から担任の先生にあいさつをすることができる。	3	2	1	0
（3）集会等で、先生が話している時は静かに聞くことができる。	3	2	1	0
（4）衣服の乱れや着衣の間違いを先生に指摘されれば、直すことができる。	3	2	1	0
（5）友達と一緒に、先生の話をソワソワしないで最後まで聞くことができる。	3	2	1	0
（6）自分のしたいことがあっても、先生の声かけ「あとで」「また」があれば待つことができる。	3	2	1	0
（7）お礼「ありがとう。」や謝罪「ごめんなさい。」を言うことができる。	3	2	1	0
（8）相手の話を最後まで聞くことができる。	3	2	1	0
（9）自分の思いをはっきりと伝えることができる。	3	2	1	0
（10）遊び仲間に入る時に、「入れて」など声かけして入ることができる。	3	2	1	0
（11）友達を遊びに誘う時に、「一緒にしよう」などと誘うことができる。	3	2	1	0
（12）ルールのある集団遊びをすることができる。	3	2	1	0
（13）順番を守って遊ぶことができる。	3	2	1	0
（14）担任の先生にあいさつをされたら、応えることができる。	3	2	1	0
（15）集団行動のルールを守り、参加することができる。	3	2	1	0
（16）衣服が汚れていれば、自分で着替えることができる。	3	2	1	0
（17）みんなの物をゆずりあって使うことができる。	3	2	1	0
（18）自分から友達にあいさつをすることができる。	3	2	1	0
（19）自分のしたいことがあっても、時間が来るまで待つことができる。	3	2	1	0

（名前）　　　　　　　（年齢）　　歳　　月　（性別）　　　記入例　　年　月　日　｜総合得点｜　　｜

資料2　個別支援シート

年　　月　　日現在

(名前)	(性別)	(年齢)　　歳　　月	(生年月日)　　年　　月　　日
(所属名)		(組名)	(作成者)

全般的な様子	身辺自立（身だしなみ・食事・排泄・着替え・掃除）、コミュニケーション（言語理解・表出）、集団参加・対人関係、自己コントロール、移動　等の全体的な様子について、記入する。 ・ ・ ・		
気になること	・ ・ ・		
子どもの個性	好きなこと 得意なこと	・ ・ ・	
	嫌いなこと 苦手なこと	・ ・ ・	
保護者の願い		・ ・ ・	
担任の思い	改善してほしい不適切な言動 できるようになってほしいこと		
支援を必要とする課題			
本人の思い			

課題の分析	いつ・何をしている時	どこで	だれと	どのようにして	保育者は、どのようにかかわったか	どうなったか
課題が起こっている状況						

課題が、起きていない状況	

支援の考案	発達特性	
	活用できる資源	
	支援の工夫	

具体的な目標	いつ・何をしている時	どこで	だれと	どのようにして	保育者は、どのようにかかわるか

資料3　個別支援・記録シート

(子ども名前)			(園・組名)			(担当者)	
記録／日付	月 ○／○	火 ○／○	水 ○／○	木 ○／○	金 ○／○	土 ○／○	日 ○／○
できた＝○ 少しできた＝△ できなかった＝N コメント							
記録／日付	月 ○／○	火 ○／○	水 ○／○	木 ○／○	金 ○／○	土 ○／○	日 ○／○
できた＝○ 少しできた＝△ できなかった＝N コメント							
記録／日付	月 ○／○	火 ○／○	水 ○／○	木 ○／○	金 ○／○	土 ○／○	日 ○／○
できた＝○ 少しできた＝△ できなかった＝N コメント							
記録／日付	月 ○／○	火 ○／○	水 ○／○	木 ○／○	金 ○／○	土 ○／○	日 ○／○
できた＝○ 少しできた＝△ できなかった＝N コメント							
記録／日付	月 ○／○	火 ○／○	水 ○／○	木 ○／○	金 ○／○	土 ○／○	日 ○／○
できた＝○ 少しできた＝△ できなかった＝N コメント							
記録／日付	月 ○／○	火 ○／○	水 ○／○	木 ○／○	金 ○／○	土 ○／○	日 ○／○
できた＝○ 少しできた＝△ できなかった＝N コメント							
記録／日付	月 ○／○	火 ○／○	水 ○／○	木 ○／○	金 ○／○	土 ○／○	日 ○／○
できた＝○ 少しできた＝△ できなかった＝N コメント							

資料4　やりとり支援の経過シート（試案）

子どもの名前（　　　　）　年齢（　歳　月）　性別（　）

　　　　　　　　　　　　　　　　　作成日　　年　　月　　日　　記入者氏名（　　　　　　　）

課題	
困難の現状	（いつ・どんな場面・どんな活動・相手・結果）（今までの保育者の対応とその結果） （今までの担当者からの経過を聞く）（保護者や関係機関からの情報を集める）

目標	
支援の手がかり	（本人の強み・得意・興味関心）（本人の弱み・苦手・嫌いなこと） （困難な場面以外の場面で、課題とよく似たことができている状況は？） （できている状況は、「いつ・どんな場面・どんな活動・相手」か？）

日付	保育者のかかわり	本児の行動及び言葉（友達の様子）

おわりに

　近年、「気になる子」が注目されるようになったことはよいことだと思いますが、どちらかといえばネガティブなイメージがあり、すぐに発達障害や虐待を疑いがちになっているように思われます。

　私自身、特別支援学校における知的障害や自閉症と診断された子どもたちの教育に携わり、その後、通常の学校にいる発達障害のある子どもの個別指導を行ってきました。その間、私なりに実践を積み重ね、研修会に参加したりいろいろな文献を読んだりしてきました。そこでは、今までの障害児の捉え方は非常に偏ったものであり、身近な存在ではなく特別な存在であると感じていました。しかし、発達障害のある子に接したり、「気になる子」の相談に乗っていると、決して特別な存在ではなく、むしろ身近な存在であり、健常な人と障害のある人は連続しているという「スペクトラム概念」をまさに実感させられました。このような気づきから、本書では、今までの私の実践と私自身が印象に残った話や書籍をもとに、私自身の考えの変化をまとめ発表することにしました。自分自身が今まで実践してきたことの意味付けをするとともに、私の立場を明確にし、いっそう責任ある対応をしていきたいと考えたからです。

　私は、「気になる子」の存在は、従来の障害の中に単純に位置付けられるものではなく、保育者が「何らかの困難がある子」と捉え、今までの保育の上に「かかわり方に特に工夫を必要とする子」という新たな観点をもたらすものであると考えています。そして、新たな観点に基づいた支援の具体例として「間主観性と客観的事実をもとにした事例研究」にたどりつきました。まだまだ実践事例が少なく、今後に残された私の課題でもあり、保育者の皆さんと一緒に取り組むべき課題です。

　私は、教師として今まで直接・間接にたくさんの人々に導かれてきました。特に直接お世話になった元一麦寮長の田村一二先生、横浜市立大学名誉教授の伊藤隆二先生、TEACCHプログラム研究会初代会長でつばさ発達クリニック院長の藤岡宏先生、現会長の大正大学心理社会学部教授の内山登紀夫先生をはじめとするTEACCHプログラム研究会の皆さん、東京学芸大学名誉教授の上野一彦先生には感謝の言葉もありません。曲がりなりにも自分の考えが形になるようになったのも、たくさんの方々のおかげだと思っています。また、本書に推薦の言葉を寄せていただきました共立女子学園監事の辻村哲夫先生には、発達障害児の相談指導のための

特別支援教室「すばる」の設立から現在に至るまで、変わらぬご指導・ご支援をいただき、現在の私があるのも辻村先生のおかげと深く感謝しています。

　私の住む地域は農山村地域に位置し、自然豊かな土地柄ですが、発達障害等に関係する相談機関や医療機関はなく特別支援学校もありません。自分自身が暮らしてきた地域において、私が今まで実践してきたことをもとにアドバイスしていくことは、お互いが身近な存在であるだけに、大変責任の重いことと感じています。アドバイスの結果について責任を取る覚悟が常に求められることから、個々の事例についてとことん考え抜き、その時の最善の答えを提案してきましたが、失敗もたくさんありました。

　今後私は、これらの経験をもとに、地域の保育者を主役とした間接支援を徹底していきたいと考えています。今までの私は、教師として子どもの直接指導にかかわってきましたが、私自身の実践は限られたものであることから、保育者とともに行う支援には新たな可能性が開かれていると強く感じています。また、町教育委員会においては、4年前より早期支援教育の体制が始まり、早期支援教育コーディネーターを委嘱し、町内の保育所・幼稚園・こども園から小・中学校へ巡回相談を細かく実施するようになりました。そして、平成27年度には新たな拠点として「早期支援教育センター」が設立されました。これからは当センターを拠点に、いっそう地域に密着し、今まで以上に保育所・幼稚園・こども園の現場に赴き、保育者のニーズに応えながら継続した支援ができるように努力していきます。また、保護者の相談支援も今まで以上に実施し、保護者とともに子どもを支援していくための手がかりを探っていきたいと思います。

　本書には、私の未熟さのためにまだまだ思慮が足りず、片寄った部分もあると思います。皆様方から忌憚のないご批評をいただきたいと願っています。

2016年8月　馬場 広充

＜著者＞
馬場 広充（ばば・ひろみち）

1954 年生　近畿大学理工学部機械工学科卒業
33 年間知的障害の養護学校に勤務し、幼稚部から高等部まで担当する。最後の 8 年間は、発達障害児とその疑いのある幼児から中学生の個別指導を担当する。その後、私立大学で特別支援学校の教員養成に 3 年間かかわる。一方、2005 年から現在まで、県教委等から委嘱され県下の保・幼・小・中学校に巡回相談を行っている。
現在、まんのう町教育委員会早期支援教育センター「たむ」所長
1999 年香川県教育奨励賞、2008 年文部科学大臣優秀教員表彰　受賞
著書に『特別支援教育Ｑ＆Ａ』（分担執筆、ジアース教育新社、2009 年）、『エッセンシャル・特別支援教育コーディネーター』（分担執筆、大学教育出版社、2011 年）

再考！「気になる子」
～保育者の気づきを深め、ニーズに応じた支援のために～

平成 28 年 10 月 9 日　初版第 1 刷発行

著　者　馬場 広充
発行人　加藤 勝博
発行所　株式会社ジアース教育新社
　　　　〒 101-0054　東京都千代田区神田錦町 1-23 宗保第 2 ビル 5 階
　　　　電話 03-5282-7183　FAX 03-5282-7892
　　　　E-mail：info@kyoikushinsha.co.jp
　　　　ホームページ（http//www.kyoikushinsha.co.jp/）

印刷・製本　シナノ印刷

定価はカバーに表示してあります。
乱丁・落丁などの不良本はお取替えいたします。

カバーデザイン・DTP　株式会社彩流工房
ISBN978-4-86371-378-9　　　　　　　　　　　　　　　　　　　　Printed in Japan